La convergencia jurisdiccional en Europa

Antonio Roma Valdés

Apuntes
Máster da Unión Europea. Universidade da Coruña

Fuero Juzgo
© 2014 Antonio Roma Valdés
ISBN 978-1-326-07425-8
Publicado en España

Índice

1 La cooperación entre autoridades judiciales de distintos estados. Nociones fundamentales
2 La determinación de la jurisdicción. La Corte Penal Internacional
3 Determinación del marco convencional aplicable
4 Mecanismos institucionales de cooperación
5 Jurisprudencia comunitaria en derecho penal. *Ne bis in idem*, estatuto de la víctima, medio ambiente y principio de reconocimiento mutuo

Bibliografía y referencias

1 La cooperación entre autoridades judiciales de distintos estados. Nociones fundamentales

1 Cooperación judicial internacional. Sistemas de cooperación.

La cooperación judicial internacional ha experimentado una evolución de enorme importancia en los últimos años, procediendo señalar en este epígrafe sus hitos fundamentales. A los efectos expositivos, diferenciamos la evolución de los sistemas judiciales de cooperación en materia civil y en materia penal.

A) La evolución histórica de la cooperación judicial en materia penal

Los orígenes de la cooperación judicial internacional pueden entrarse en los años centrales del s. XIX, momento en que los estados europeos y americanos inician un proceso de contactos bilaterales, fundamentalmente dirigidos al establecimiento de tratados de extradición, muchos de ellos actualmente vigentes.

Los contactos multilaterales son escasos y se refieren a materias determinadas, como el tráficos de seres humanos (1902, 1959) o la falsificación de moneda (1929). En los mismos encontramos referencias a la extradición, como medio fundamental de cooperación entre distintas jurisdicciones.

La situación se transforma a partir de la finalización de la Segunda Guerra Mundial, momento en el que algunos organismos internacionales, como la Organización de las Naciones Unidas o el Consejo de Europa propiciaron la suscripción de tratados que han constituido modelos para los tratados de toda especie firmados a partir de este momento.

En el caso del Consejo de Europa, destacamos el Convenio Europeo de Extradición (1957), el Convenio de Asistencia mutua en materia penal (1959) y el convenio de traslado de personas condenadas al extranjero (1983). Se trata de un momento de desarrollo de la multilateralidad y en el que la cooperación jurisdiccional va ganando terreno en relación con la extradición.

Por su parte, en el caso de las Naciones Unidas, los Convenios permanecen refiriéndose a materias determinadas tales como genocidio (1948), tráfico de drogas (1961), protección de personal diplomático (1963), piratería (1970), tortura (1984), etc. Cabe añadir que permanecen estableciendo sistemas extradicionales.

En el ámbito de la Organización de Estados Americanos, encontramos tratados multilaterales de extradición (1981) y de asistencia mutua en materia penal (1992, 1993), que emulan el modelo europeo.

Sin embargo, el fenómeno de la internacionalización de la delincuencia ha motivado que los mecanismos multilaterales de cooperación judicial se hayan multiplicado. Así, destacamos el convenio de Viena sobre tráfico de drogas y sustancias estupefacientes y psicotrópicas (1988), el convenio sobre delincuencia organizada transnacional (2000), el convenio para la supresión de la financiación del terrorismo (2001) y el Convenio sobre la corrupción (2003), convenios todos dirigidos a establecer medidas policiales y judiciales de cooperación. Cabe añadir a los anteriores, en el marco de la OCDE, el convenio sobre la lucha contra la corrupción de agentes públicos extranjeros.

La evolución en el marco regional europeo se ha intensificado en la misma medida en que ha evolucionado la implantación del espacio de seguridad y justicia de la Unión Europea, aspecto que ha traído consigo hitos como el Acuerdo de Aplicación del Convenio de Schengen (1990), el Convenio relativo al blanqueo, seguimiento, embargo y decomiso de los productos del delito (1990), el Convenio relativo a la extradición entre los estados miembros de la Unión Europea (1996), el Convenio de asistencia en materia penal de los estados de la Unión Europea (2000) y su Protocolo (2001), el Segundo Protocolo al Convenio de Asistencia Judicial en Materia Penal de 1959 (2001) o la Orden Europea de Detención y entrega (2002). Esta tendencia trae consigo fenómenos como la intensificación de la cooperación judicial, la disminución del ámbito de la extradición, facilitando la entrega de sujetos con una menor supervisión de requisitos, el contacto directo entre autoridades judiciales de distintos estados sin intervención de las autoridades centrales e, incluso, la relativización de principios tradicionales como el de doble incriminación. A ellos cabe añadir un progresivo acercamiento de la legislación sustantiva, una mayor desarrollo del decomiso de bienes en distintos estados, la utilización de las ventajas otorgadas por las nuevas tecnologías en la persecución de las infracciones criminales, la aplicación del derecho del estado requirente por parte de la autoridad judicial requerida, etc, aspectos todos ellos que contribuyen a limitar la presencia de las autoridades centrales en la ejecución de los actos de cooperación judicial internacional.

Así pues, el modelo tradicional de cooperación judicial ha superado el período de bilateralidad caracterizado por la existencia de sistemas extradicionales de cooperación basados en el principio de reciprocidad. En la actualidad, puede señalarse la existencia de dos ámbitos de cooperación:
- El multilateral que establece formas concretas de cooperación en fenómenos delictivos complejos y transnacionales, frecuentemente violentos.
- El regional y bilateral entre los estados que, con distinto grado de aproximación, genera ámbitos de cooperación en tres materias: la extradición, la cooperación judicial y el traslado de personas condenadas.

B) La evolución histórica de la cooperación judicial en materia civil

La facilidad de las comunicaciones y el incremento consiguiente de los intercambios comerciales han dado ocasión a un debilitamiento de las fronteras que en algunas áreas regionales, como en el caso de Europa, han supuesto la desaparición en muchos aspectos de los límites clásicos de los Estados. Como consecuencia, surge la necesidad de establecer mecanismos de cooperación como requisito de la eficacia del ejercicio de uno de los poderes clásicos de los Estados, como es la administración de justicia, en cuyo ámbito ha imperado en el pasado de forma absoluta el principio de soberanía nacional.

En la esfera política, la delimitación de los territorios, fronteras y zonas marítimo-terrestres dieron lugar a los primeros tratados internacionales. La regulación del tráfico marítimo y aéreo, tuvieron su principal vertiente en el ámbito del derecho privado en los tratados comerciales, y en la implantación de criterios homogéneos para el reconocimiento recíproco de competencias.

En esta línea marcada, el ejercicio de las competencias judiciales, cuando se da un elemento de extranjería, no solo requiere el reconocimiento internacional de la competencia, sino también la existencia de mecanismos que permitan el enjuiciamiento y la efectividad de las resoluciones dictadas más allá de las propias fronteras, por lo que surgió la técnica del reconocimiento de las decisiones mediante el exequatur, mecanismo que subsiste todavía como principal sistema de colaboración judicial entre muchos Estados, aun cuando estas materias han sido objeto de pactos en múltiples tratados internacionales de naturaleza bilateral o multilateral.

De una manera más desarrollada hace a continuación su aparición la práctica de las comisiones rogatorias o exhortos internacionales, primero como técnica diplomática, y muy pronto como norma de derecho interno en los textos legales sobre procedimiento que surgieron durante el proceso de la codificación.

Desde el punto de vista de quien pretende que una decisión judicial pueda tener eficacia transfronteriza se ha de tener en cuenta, en primer lugar, que el enjuiciamiento del litigio y la sustanciación del proceso debe ser realizada con las garantías necesarias, tanto de derecho interno, como de derecho internacional, que doten a la sentencia definitiva de las condiciones precisas para ser reconocida como resolución idónea por las instituciones jurídicas de otro Estado de soberanía diferente a la de aquél en que se produjo. Por esta razón es imprescindible que existan mecanismos útiles, de general aceptación y reconocimiento para que la constitución de la relación jurídico-procesal entre las partes y el tribunal que ha de enjuiciar, se produzca en condiciones que garanticen la vinculación efectiva de los litigantes a un proceso determinado, aun cuando residan en otro país, puesto que de ello dependerá que les pueda afectar el resultado del litigio, y que sea factible la ejecución efectiva de la sentencia. En este aspecto es de primordial trascendencia que se facilite el emplazamiento idóneo del demandado, la práctica de diligencias de prueba, y la notificación efectiva de la sentencia, a todos a los que ha de extender sus efectos.

En el ámbito civil podemos distinguir cuatro grandes ámbitos en la cooperación jurisdiccional internacional: a) la actividad instrumental, que es la que posibilita el enjuiciamiento, dentro de la que se enmarcan los sistemas de emplazamientos, requisitos mínimos de acceso a la justicia, notificaciones, traslados de documentos y práctica de pruebas; b) las normas sobre competencia jurisdiccional internas, que configuran el derecho internacional privado propio de cada sistema jurídico; c) las reglas sobre determinación de la ley aplicable a cada conflicto jurídico con elemento transfronterizo, y d) los requisitos para el reconocimiento y ejecución de las resoluciones dictadas por los tribunales de otros Estados, y de forma inversa, para posibilitar el reconocimiento de las propias resoluciones en el extranjero.

Por lo que se refiere a la evolución de la cooperación, no podemos hablar propiamente de fases históricas, puesto que los sistemas de los que nos valemos están presentes en la actualidad, ya que están condicionados por la existencia o no de convenios y tratados internacionales. Es más apropiado hablar de tres grandes sistemas: a) el primero es el basado en los usos internacionales, el principio de reciprocidad y el exequátur tal como lo regule la ley interna; b) el segundo es el basado en los convenios internacionales de carácter bilateral, que vinculan únicamente a los dos Estados firmantes, en éste sentido Marruecos y España disponen de una aceptable base de tratados de ésta naturaleza; y c) por último, la adhesión a los Convenios Multilaterales, en los que una organización internacional, bien sea gubernamental como la ONU, o no gubernamental, como la Conferencia de La Haya, haya promovido mecanismos de colaboración, para mejorar el nivel de cooperación entre los Estados que forman parte de los mismos, y son firmantes de los referidos convenios, han ratificado los mismos, pues no es igual, o se han adherido con las declaraciones oportunas que hayan tenido por conveniente realizar.

2 La cooperación en el marco de la Unión Europea.

Vista la evolución de los sistemas de cooperación, nos centraremos a continuación con un mayor detalle en el sistema que más ha evolucionado en los últimos años, el desarrollado entre los estados que conforman la Unión Europea.

A) La cooperación judicial penal en la Unión Europea.

- Las Consecuencias de Tampere

Tras el Consejo celebrado en Tampere en el año 1999, la Unión Europea ha incrementado de manera notable los mecanismos de cooperación internacional en materia penal a los efectos de alcanzar el pretendido espacio de libertad, seguridad y justicia. El actual artículo 29 del Tratado de la Unión Europea (TAU) define como uno de los objetivos de la Unión "ofrecer a los ciudadanos un alto grado de seguridad dentro de un espacio de seguridad, libertad y justicia elaborando una acción en común entre los Estados Miembros, en los ámbitos de la cooperación judicial y policial en materia penal mediante la prevención y la lucha contra la delincuencia organizada o no, en particular el terrorismo, la trata de seres humanos, los delitos contra los niños, el tráfico ilícito de drogas, armas, la corrupción y el fraude".

En este marco, dentro del llamado "Tercer pilar" de la construcción de la Unión Europea, hemos visto incrementada no sólo el número de normas que dentro de la Unión han establecido formas comunes de actuación frente a determinadas clases de delincuencia, en especial la organizada, sino también, y con esto nos centramos en el objeto de esta exposición, de mecanismos específicos que permitan hacer efectivos el resto de previsiones normativas, otorgándoles efectividad. Concretando las ideas anteriores, el espacio común de libertad, seguridad y justicia requeriría de:

- Una mayor cooperación entre las fuerzas policiales, las autoridades aduaneras y otras autoridades competentes de los Estados miembros, ya sea directamente o a través de la Oficina Europea de Policía (EUROPOL).
- Una mayor cooperación entre las autoridades judiciales y otras autoridades competentes de los Estados miembros.
- La aproximación de las normas de los Estados miembros en materia penal.

El artículo 31.1 del Tratado de la Unión Europea añade que la acción común incluye:

a) la facilitación y aceleración de la cooperación entre los ministerios y las autoridades judiciales o equivalentes competentes de los Estados miembros en relación con las causas y la ejecución de resoluciones;
b) la facilitación de la extradición entre Estados miembros;
c) la consecución de la compatibilidad de las normas aplicables en los Estados miembros, en la medida necesaria para mejorar dicha cooperación;
d) la prevención de conflictos de jurisdicción entre los Estados miembros;
e) la adopción progresiva de medidas que establezcan normas mínimas relativas a los elementos constitutivos de los delitos y a las penas en los ámbitos de la delincuencia organizada, el terrorismo y el tráfico ilícito de drogas.

En el marco específicamente procesal, un hito lo encontramos en el Convenio para la aplicación del acuerdo de Schengen de 19 de junio de 1990. La pretensión del convenio es incrementar las medidas de cooperación judicial y facilitar los contactos directos entre las autoridades judiciales de los diferentes estados parte. El convenio incide en los medios de cooperación judicial (artículos 48 a 58), extradición (artículos 59-66) y la transmisión de personas condenadas (artículos 67-69), aspectos todos que contarán su tratamiento específico en otras unidades didácticas. En todas estas materias, el Convenio se refiere a las convenciones del Consejo de Europa vigentes al respecto, incrementando las medidas establecidas en aquellos. Asimismo, se ocupa de otros aspectos, tales como drogas, armas, visados, etc. Asimismo, se crea el Sistema de Información Schengen (SIS).

Los estados de ese marco geográfico, que comprende todos los estados de la Unión Europea con excepción del Reino Unido e Irlanda, a los que hay que añadir Noruega e Islandia, han establecido el espacio de justicia e interior (JAI) en desarrollo del Título VI TUE, del que han emanado otras nuevas normas como la Acción común de 29 de junio de 1998 sobre buenas prácticas en materia de asistencia judicial en materia penal (98/427/JAI, DOCE 7-7-1998).

Asimismo, por acto del Consejo de la Unión Europea de 29 de mayo de 2000 se celebra el convenio relativo a la asistencia judicial en materia penal entre los estados de la Unión Europea (2000/C-197/01). Además, una Decisión Marco a la que nos referiremos en unidades didácticas posteriores, se ocupa de la orden europea de detención y entrega.

Una de las claves de este sistema judicial de cooperación radica en el hecho de que los diferentes instrumentos de cooperación entre autoridades judiciales y fiscales de los distintos estados de la Unión Europea pueden comunicarse de manera directa entre ellas, sin intermediación de las autoridades centrales.

Tales medidas, dirigidas a facilitar y agilizar de manera rotunda los actos de cooperación entre autoridades judiciales y fiscales de los diferentes estados de la Unión Europea, han encontrado obstáculos que han limitado sus expectativas de aplicación y que fueron tratados por un comité especial denominado Comité K4 en un informe de 14 de noviembre de 1996. Entre ellos destacamos:

- La ausencia de confianza.
- El desconocimiento de los instrumentos existentes, su utilidad y flexibilidad.
- Dificultades de idioma y traducción.
- La propia naturaleza compleja de los asuntos que requieren de actos de cooperación.
- La ausencia de especialización de los distintos órganos nacionales en los actos propios de cooperación internacional.

A ellos podemos añadir:

- La falta de comunicación directa en la práctica.
- Ligado al anterior, la dificultad de concretar a qué autoridad requerir cooperación en los términos de los diferentes instrumentos internacionales de cooperación.
- El desconocimiento del funcionamiento de los distintos sistemas judiciales.
- La carencia de fuentes fiables de información, amén de otros medios.

Por consiguiente, los mencionados sistemas de cooperación han requerido de complementos indispensables que otorgasen a los cauces formales un apoyo material.

En otras ocasiones en las que los intereses comunitarios se han encontrado afectados por actuaciones criminales, la propia OLAF ha establecido medidas concretas de cooperación entre los distintos órganos jurisdiccionales, facilitando o propiciando las conexiones entre ellos.

- **El Tratado de Lisboa**

En su redacción actual, el Tratado de Funcionamiento de la Unión Europea dispone:

CAPÍTULO IV.
COOPERACIÓN JUDICIAL EN MATERIA PENAL.

Artículo 82.
(antiguo artículo 31 TUE)

1. La cooperación judicial en materia penal en la Unión se basará en el principio de reconocimiento mutuo de las sentencias y resoluciones judiciales e incluye la aproximación de las disposiciones legales y reglamentarias de los Estados miembros en los ámbitos mencionados en el apartado 2 y en el artículo 83.
El Parlamento Europeo y el Consejo adoptarán, con arreglo al procedimiento legislativo ordinario, medidas tendentes a:
   a. establecer normas y procedimientos para garantizar el reconocimiento en toda la Unión de las sentencias y resoluciones judiciales en todas sus formas;
   b. prevenir y resolver los conflictos de jurisdicción entre los Estados miembros;

c. apoyar la formación de magistrados y del personal al servicio de la administración de justicia;
  d. facilitar la cooperación entre las autoridades judiciales o equivalentes de los Estados miembros en el marco del procedimiento penal y de la ejecución de resoluciones.

2. En la medida en que sea necesario para facilitar el reconocimiento mutuo de las sentencias y resoluciones judiciales y la cooperación policial y judicial en asuntos penales con dimensión transfronteriza, el Parlamento Europeo y el Consejo podrán establecer normas mínimas mediante directivas adoptadas con arreglo al procedimiento legislativo ordinario. Estas normas mínimas tendrán en cuenta las diferencias entre las tradiciones y los sistemas jurídicos de los Estados miembros.

Estas normas se referirán a:
  a. la admisibilidad mutua de pruebas entre los Estados miembros;
  b. los derechos de las personas durante el procedimiento penal;
  c. los derechos de las víctimas de los delitos;
  d. otros elementos específicos del procedimiento penal, que el Consejo habrá determinado previamente mediante una decisión. Para la adopción de esta decisión, el Consejo se pronunciará por unanimidad, previa aprobación del Parlamento Europeo.

La adopción de las normas mínimas contempladas en el presente apartado no impedirá que los Estados miembros mantengan o instauren un nivel más elevado de protección de las personas.

3. Cuando un miembro del Consejo considere que un proyecto de directiva contemplada en el apartado 2 afecta a aspectos fundamentales de su sistema de justicia penal, podrá solicitar que el asunto se remita al Consejo Europeo, en cuyo caso quedará suspendido el procedimiento legislativo ordinario. Previa deliberación, y en caso de que se alcance un consenso, el Consejo Europeo, en el plazo de cuatro meses a partir de dicha suspensión, devolverá el proyecto al Consejo, poniendo fin con ello a la suspensión del procedimiento legislativo ordinario.

Si no hay acuerdo dentro de ese mismo plazo, y al menos nueve Estados miembros quieren establecer una cooperación reforzada con arreglo al proyecto de directiva de que se trate, lo comunicarán al Parlamento Europeo, al Consejo y a la Comisión. En tal caso, la autorización para iniciar la cooperación reforzada a que se refieren el apartado 2 del artículo 20 del Tratado de la Unión Europea y el apartado 1 del artículo 329 del presente Tratado se considerará concedida, y se aplicarán las disposiciones relativas a la cooperación reforzada.

Artículo 83.
(antiguo artículo 31 TUE)

1. El Parlamento Europeo y el Consejo podrán establecer, mediante directivas adoptadas con arreglo al procedimiento legislativo ordinario, normas mínimas relativas a la definición de las infracciones penales y de las sanciones en ámbitos delictivos que sean de especial gravedad y tengan una dimensión transfronteriza derivada del carácter o de las repercusiones de dichas infracciones o de una necesidad particular de combatirlas según criterios comunes.

Estos ámbitos delictivos son los siguientes: el terrorismo, la trata de seres humanos y la explotación sexual de mujeres y niños, el tráfico ilícito de drogas, el tráfico ilícito de armas, el blanqueo de capitales, la corrupción, la falsificación de medios de pago, la delincuencia informática y la delincuencia organizada.

Teniendo en cuenta la evolución de la delincuencia, el Consejo podrá adoptar una decisión que determine otros ámbitos delictivos que respondan a los criterios previstos en el presente apartado. Se pronunciará por unanimidad, previa aprobación del Parlamento Europeo.

2. Cuando la aproximación de las disposiciones legales y reglamentarias de los Estados miembros en materia penal resulte imprescindible para garantizar la ejecución eficaz de una política de la Unión en un ámbito que haya sido objeto de medidas de armonización, se podrá establecer mediante directivas normas mínimas relativas a la definición de las infracciones penales y de las sanciones en el ámbito de que se trate. Dichas directivas se adoptarán con arreglo a un procedimiento legislativo ordinario o especial idéntico al empleado para la adopción de las medidas de armonización en cuestión, sin perjuicio del artículo 76.

3. Cuando un miembro del Consejo considere que un proyecto de directiva contemplada en los apartados 1 ó 2 afecta a aspectos fundamentales de su sistema de justicia penal, podrá solicitar que el asunto se remita al Consejo Europeo, en cuyo caso quedará suspendido el procedimiento legislativo ordinario. Previa deliberación, y en caso de que se alcance un consenso, el Consejo Europeo, en el plazo de cuatro meses a partir de dicha suspensión, devolverá el proyecto al Consejo, poniendo fin con ello a la suspensión del procedimiento legislativo ordinario.

Si no hay acuerdo dentro de ese mismo plazo, y al menos nueve Estados miembros quieren establecer una cooperación reforzada con arreglo al proyecto de directiva de que se trate, lo comunicarán al Parlamento Europeo, al Consejo y a la Comisión. En tal caso, la autorización para iniciar la cooperación reforzada a que se refieren el apartado 2 del artículo 20 del Tratado de la Unión Europea y el apartado 1 del artículo 329 del presente Tratado se considerará concedida, y se aplicarán las disposiciones relativas a la cooperación reforzada.

Artículo 84.

El Parlamento Europeo y el Consejo podrán establecer, con arreglo al procedimiento legislativo ordinario, medidas que impulsen y apoyen la actuación de los Estados miembros en el ámbito de la prevención de la delincuencia, con exclusión de toda armonización de las disposiciones legales y reglamentarias de los Estados miembros.

B) La cooperación judicial civil en la Unión Europea.

a) En general

La construcción de un espacio común europeo para la justicia, fue iniciada con los Tratados de Mästrich, de 1992 y Ámsterdam, de 1997, y recibió un impulso definitivo en el Consejo de Tampere de mayo de 1999, al realizarse la opción por construir el espacio de convergencia procesal civil en base a los Reglamentos (obligatorios y directamente aplicables) con el propósito definido de propiciar en esta materia un alto grado de eficacia, tanto en las tareas de enjuiciamiento, como en las de reconocimiento y ejecución de decisiones. El Estudio de este proceso en virtud del cual se han producido unos textos legales que configuran una ley procesal común de todos los Estados Miembros de la Unión, se ha de abordar desde la perspectiva más amplia, que comprende los Reglamentos instrumentales del enjuiciamiento R (CE) 1.348/2000 y 1.206/2001, (traslado de documentos, citaciones, emplazamientos práctica de pruebas), conjuntamente con el R (CE) 44/2001 sobre competencia, ley aplicable, ejecución, el importante precedente del Convenio de Bruselas de 1968 relativo a la competencia judicial y a la ejecución de resoluciones judiciales en materia civil y mercantil, que aun excluyendo las materias de familia y responsabilidad parental, sentó las base técnicas de la nueva cooperación civil, sin olvidar el marco extracomunitario de los Convenios de la Conferencia de La Haya de derecho internacional privado a los que anteriormente se ha hecho referencia, pues tales instrumentos han sido parcialmente comunitarizados, ampliando en gran medida los mecanismos de cooperación que en los mismos se contemplan.

Bien es cierto que para la construcción del espacio judicial europeo no se dispone únicamente de los reglamentos instrumentales que se analizarán en otros temas, sino también de una política común, de más largo alcance, que tiende a la confluencia de las instituciones jurídicas materiales en base a una tradición jurídica compartida, y en la consolidación de la jurisprudencia del Tribunal de Justicia de las Comunidades Europeas y del Tribunal Europeo de Derechos Humanos de Estrasburgo en el ámbito supracomunitario. El acercamiento de las reglas procesales es el segundo de los instrumentos de homogenización, para lo que el sistema de los Reglamentos es un instrumento de gran utilidad.

En definitiva, las líneas maestras del proceso al que estamos asistiendo en Europa, y que puede ser ampliado a otras áreas regionales, radican en los siguientes principios básicos: a) la regulación homogénea del acceso a la justicia; b) la convergencia legislativa mediante la paulatina armonización de las legislaciones; c) la instauración del mecanismo de reconocimiento automático de las resoluciones, lo que significa ciertamente trascender del principio de colaboración y consolidar el de confianza en los sistemas judiciales de los diversos Estados con conforman la Unión Europea.

Una muestra de cómo se pretende que funcione la cooperación judicial en Europa, es el enorme esfuerzo realizado para facilitar el acceso de jueces y fiscales a los mecanismos de cooperación. La Red Judicial Europea, implica el trabajo cooperativo de un grupo reducido de profesionales, jueces y fiscales, de cada Estado, que han elaborado un material común, que están desarrollando guías de buenas prácticas, y que están, día a día, mejorando el acceso a las fuentes, por medio de la informática, de lo que es un excelente ejemplo el funcionamiento del Atlas Judicial Europeo por medio de Internet, del que nos ocuparemos en la fase práctica de éste curso.

En otras áreas regionales, España también está comprometida en la mejora de los sistemas de cooperación judicial. Con ésta finalidad participa activamente como parte adherida de los convenios internacionales emanados de la Organización de Estados Americanos (OEA), mediante los Convenios de Panamá, de Derecho Internacional Privado, y participa con otros Estados del arco Mediterráneo en el marco de la Conferencia de La Haya, del proyecto de generar un espacio de colaboración reforzada en el espacio de la justicia civil. Singularmente con el Reino de Marruecos, con el que existen muy antiguos lazos de vecindad, y a quien nos unen intereses importantísimos para los ciudadanos de uno y otro país, y para nuestras respectivas economías, existe un conjunto de convenios bilaterales que es necesario conocer, utilizar y mejorar cuantitativa y cualitativamente en el futuro.

b) Medios telemáticos

Dentro del ámbito propio de la cooperación judicial en materia civil, el método telemático más importante lo encontramos en la página web de la Red Judicial Europea, en la dirección http://ec.europa.eu/civiljustice/, donde se puede obtener información puntual y actualizada permanentemente del contenido y particularidades de los ordenamientos jurídicos internos de los estados miembros de la Unión Europea, así como los órganos jurisdiccionales competentes en cada uno de ellos.

3 Soberanía y jurisdicción.

A) Extensión y límites.

La jurisdicción constituye un presupuesto fundamental pata el ejercicio de la función jurisdiccional. En realidad, la jurisdicción constituye un presupuesto esencial del proceso y, asimismo, determina el ámbito material y territorial en el que cada estado ejerce su soberanía. Por lo tanto, la jurisdicción se manifiesta positivamente en el sentido de afirmar la existencia de la propia soberanía, en la capacidad de actuar de las autoridades nacionales en el ejercicio de sus funciones correspondientes. Asimismo, se manifiesta negativamente, de modo que ninguna autoridad foránea puede desarrollar actividades en el territorio de un estado determinado. Ningún juez puede, en definitiva, acordar medidas propias de su competencia que tengan efectos en un estado distinto sin que exista una autorización por parte del estado receptor, a salvo del consiguiente conflicto en el ámbito diplomático. Como ejemplo de esta concepción, el artículo 4 de la Convención de las Naciones Unidas contra el crimen organizado de 2001 recoge de manera expresa que es tácita en la mayor parte de los convenios sobre la materia:

> 1 Los Estados Parte cumplirán sus obligaciones con arreglo a la presente Convención en consonancia con los principios de igualdad soberana e integridad territorial de los Estados, así como de no intervención en los asuntos internos de otros Estados.
> 2 Nada de lo dispuesto en la presente Convención facultará a un Estado Parte para ejercer, en el territorio de otro Estado, jurisdicción o funciones que el derecho interno de ese Estado reserve exclusivamente a sus autoridades.

Sobre estos principios y en la ausencia de mecanismos internacionales de cooperación, los derechos procesales tradicionales de los distintos estados han habilitado a sus jueces a solicitar de otras autoridades judiciales su asistencia, dependiendo su cumplimiento de la voluntad del estado requerido, en ocasiones sujeta a requisitos como la justificación de la reciprocidad.

Si en el ámbito del derecho penal, es decir, de la tipificación de los delitos, de los sistemas de enjuiciamiento, de la definición de las penas y del cumplimiento de las condenas, el principio de la soberanía de cada Estado es el presupuesto del que se ha de partir, puesto que las fronteras jurídicas son incuestionables, en el ámbito del derecho privado se habla del fenómeno del "debilitamiento de las fronteras", en el sentido de que, en gran parte, se está produciendo una permeabilización de los sistemas jurídicos y judiciales internacionales como consecuencia de diversos fenómenos hasta ahora desconocidos, de entre los que podemos mencionar:

a) El comercio internacional. En la actualidad vivimos en un mundo interdependiente económicamente. Tanto desde el punto de vista de la actividad agrícola y la salida de los productos a los mercados exteriores, como de la producción industrial de bienes manufacturados, las relaciones comerciales han dejado de estar presididas por los principios de la "autarquía", y cada vez la estructura económica tiende a consolidarse por áreas regionales de carácter geográfico como, por ejemplo, la Unión Europea, los países ribereños del mar Mediterráneo, el llamado MERCOSUR, o las Zonas de Libre Comercio de los países centroamericanos.

b) La internacionalización de la economía. Los mercados de capital operan de forma globalizada, tanto desde el punto de las inversiones económicas, como de la actuación de mercados financieros. Especialmente los Estados con un mismo sistema de referencia monetario, sea el dólar americano, el euro, el yen japonés o el antiguo franco francés, utilizan políticas monetarias comunes y mutuamente condicionadas. El valor de las monedas nacionales y de las divisas, se fijan por organismos monetarios supranacionales. Pero, además, cada vez hay mayor presencia de intereses empresariales de carácter multinacional. La cercanía de las materias primas, el abaratamiento de los costes de producción, las conveniencias de inserción de los mercados, la evitación de desplazamientos y transportes innecesarios, y la disponibilidad de mano de obra, son factores que influyen en que determinadas empresas se instalen y establezcan sus fábricas y centros de producción en países distintos a los que originariamente fueron sus sedes. Ello significa una gran generación de riqueza, pero requiere sistemas jurídicos ágiles, compatibles y que puedan colaborar cuando surjan problemas empresariales o financieros.

c) La facilidad de circulación de las personas. Los procesos migratorios cada vez son más intensos y dinámicos. Los modernos sistemas de transporte, el abaratamiento de los costos, han originado importantes desplazamientos de población entre determinados países, especialmente cuando existe demanda de trabajadores, por la escasez de efectivos humanos. Este fenómeno implica que personas que disponen de la ciudadanía de un determinado Estado, rengan su residencia habitual, trabajen, vivan y desarrollen sus relaciones personales en otros países. Todo ello genera todo un entramado de derechos y obligaciones que es necesario garantizar. Por ejemplo, derechos de asistencia social, pensiones, adquisición de propiedades, problemas de responsabilidad civil o previsión de accidentes. En la esfera de la familia, se van a dar relaciones típicas de matrimonios mixtos, hijos de padres de distintas nacionalidades con derechos que es necesario que estén regulados y garantizados, divorcios y obligaciones derivadas de la ruptura de las familias, derechos hereditarios de personas que tienen su residencia en un lugar, y los bienes situados en distintos Estados.

Todos los factores enumerados, presentes en el mundo actual, han introducido en la esfera de las relaciones civiles, en el derecho privado y en el derecho económico, una visión de la soberanía de los Estados basada en una nueva dimensión de la misma. Lógicamente, el ejercicio de la jurisdicción con los presupuestos clásicos de considerarla vinculada a un único estado, a un único territorio, y al imperio de una única ley, entra en crisis cuando existen elementos transfronterizos en las relaciones interpersonales.

La delincuencia ha experimentado una evolución semejante. Hoy no sólo los grupos organizados cometen delitos en distintas partes del globo gracias a su fuerza económica. Además, muchos pequeños delincuentes son capaces de generar resultados delictivos en todo el globo gracias a su dominio de las nuevas tecnologías en una actividad cada vez más creciente amparada en las dificultades de su investigación y persecución.

B) Las bases de la cooperación judicial internacional

En el ámbito del derecho penal, la realización de hechos susceptibles de ser castigados como delitos ha obligado a los estados a ir desarrollando instrumentos internacionales que establecen mecanismos de colaboración entre las autoridades policiales y judiciales, de modo que su ratificación implica tanto la obligación de facilitar la cooperación interesada por otro estado parte como la responsabilidad para el caso de su cumplimiento.

Estos instrumentos se refieren, por regla genera y centrados en la cooperación en materia penal, a alguna de las siguientes materias:
   a) Extradición
   b) Asistencia judicial
   c) Traslado de personas condenadas

Formas más recientes de cooperación se han referido al intercambio de información, la transmisión de procedimientos, el desarrollo de investigaciones conjuntas o a la cesión de jurisdicción.

En el ámbito del derecho civil, las necesidades impuestas por las relaciones jurídicas que se derivan de los fenómenos nuevos, anteriormente analizados, del auge del comercio internacional, de la mundialización de la economía, de la libre circulación de las personas y las nuevas relaciones familiares entre ciudadanos de distintas nacionalidades, han impulsado unas formas prácticas de cooperación judicial internacional, en los siguientes ámbitos:
   a) Las actividades necesarias para el enjuiciamiento, o instrumentos de cooperación previa, como el auxilio jurisdiccional en materia de emplazamientos, citaciones y notificaciones.
   b) La facilitación de las "comisiones rogatorias".
   c) El desarrollo del "exequatur", en cuanto al reconocimiento y la ejecución de las resoluciones judiciales.
   d) Las reglas internas sobre competencia y determinación de la ley aplicable.
   e) La firma de convenios internacionales bilaterales con los Estados con los que se mantienen relaciones económicas, o existen vínculos históricos o culturales especiales, y también, con países que comparten flujos migratorios importantes.
   f) La práctica de convenios multilaterales, bien sean de ámbito universal, como los de la ONU, o propios de organizaciones regionales, como los Reglamentos de la Unión Europea, o de organismos internacionales no gubernamentales, como los de la Conferencia de La Haya de derecho Internacional Privado, o los de la Organización de Estados Americanos.

C) Límites

La jurisdicción, empero, no es ilimitada. Los estados carecen de jurisdicción para juzgar determinados aspectos, tales como la soberanía de otro estado, a los jefes de estado extranjeros, los actos cometidos en buques de guerra extranjeros y los agentes diplomáticos y consulares.

a) Del Estado soberano. Así, en términos generales, la inmunidad de jurisdicción constituye un principio de derecho internacional que excluye la posibilidad de que un Estado pueda quedar sometido a la jurisdicción interna de otro Estado diferente. Se trata de un principio de carácter procesal que opera como excepción, provocando la incompetencia de los tribunales estatales para juzgar a otros sujetos de derecho internacional (inmunidad de jurisdicción) e impidiendo la ejecución de la decisión en el caso de que el procedimiento se hubiere llevado a cabo (inmunidad de ejecución). De acuerdo con la Convención sobre las inmunidades jurisdiccionales de los Estados y de sus bienes de 16 de diciembre de 2004, Todo Estado goza, para sí y sus bienes, de inmunidad de jurisdicción ante los tribunales de otro Estado, según lo dispuesto en la presente Convención.

b) Jefes de Estado extranjeros. Se trata de una inmunidad personal de contenido sobre todo penal, reconocida desde antiguo en la práctica internacional e interna hasta el punto de haber sido el punto de partida para la construcción jurisprudencial de las inmunidades estatales. De acuerdo con la Convención sobre las inmunidades jurisdiccionales de los Estados y de sus bienes de 16 de diciembre de 2004, esta inmunidad es *intuito personae*.

c) Las inmunidades diplomáticas y consulares. Objeto de normas consuetudinarias internacionales, en la actualidad se hallan codificadas en la Convención de Viena sobre relaciones diplomáticas de 1961 y en la Convención de Viena sobre relaciones consulares, de 1963, en las que partiendo de un criterio funcional se regulan las inmunidades de los agentes diplomáticos, funcionarios consulares, familiares y personal al servicio de la misión u oficina, así como de los locales de la misión, oficina y residencias de los agentes o funcionarios.

Pero no es válida en absoluto la idea de que se ha producido una pérdida de poder, o una limitación de la jurisdicción. Es justamente lo contrario, y ésta es la perspectiva desde la que se ha de analizar la cooperación judicial internacional. El fenómeno que se produce es que las leyes de un determinado Estado, así como la competencia de los tribunales y las decisiones de la jurisdicción de un determinado país, van a extender su capacidad de actuación fuera de sus fronteras. Los tribunales de otros países van a respetar, asumir como propios y hacer cumplir las sentencias dictadas por los jueces y magistrados de otros Estados. Lógicamente éste sistema requiere que se consoliden unas reglas comunes, aceptadas y respetadas como propias. No es ya el viejo sistema de reciprocidad, es decir, hoy colaboro yo para que mañana colaboren conmigo, sino otro sistema integral en el que un marco legal común a varios estados pueda ser establecido en beneficio recíproco. No es una renuncia a una parcela de la soberanía, sino una nueva ordenación de la extensión de la misma, con el compromiso, claro está, de respetar unas reglas comunes, libremente aceptadas en beneficio común.

De cualquier manera, en el ámbito del derecho privado, existen mecanismos para que quede garantizado el orden público nacional, que se define como el conjunto de valores propios de una cultura o de un país que han sido acogidos por la tradición jurídica como esenciales para su sistema de convivencia. Algunos de éstos principios, tienen su base ideológica en la ética, la moral social o el sentimiento religioso mayoritario de un país. En otros casos, se trata de principios constitucionales o que están recogidos en las leyes fundamentales de cada Estado.

4 La aproximación legislativa como técnica de cooperación primaria

A) En materia penal

Una de las formas más importantes de cooperación internacional la encontramos en la aproximación entre los distintos ordenamientos sustantivos. En realidad no nos encontramos ante una forma de cooperación judicial, sino de cooperación entre los estados a través de la unificación de legislaciones que permitirán una mejor persecución policial y judicial de los bienes tutelados por las convenciones multilaterales en la materia.

Esta forma de cooperación la encontramos presente de manera destacada presente en numerosos convenios internacionales. Entre los mismos, destacamos los siguientes:

- Los artículos 2 a 14 de la Convención de las Naciones Unidas contra la corrupción de 2003
- Los artículos 5 y 6 de la Convención de las Naciones Unidas contra la delincuencia organizada transnacional de 2001;
- El artículo 3 del Convenio de las Naciones Unidas sobre tráfico ilícito de estupefacientes y sustancias psicotrópicas (Viena, 20 de diciembre de 1988);
- El artículo 4 de la Convención para la represión de la financiación del terrorismo de 2000;
- El artículo 2 del convenio Internacional contra la toma de rehenes;
- El artículo 2 del Convenio sobre prevención y castigo de delitos contra Personas Internacionalmente Protegidas (Nueva York, 14 de diciembre de 1973);
- El artículo 3 del Convenio sobre la represión de la falsificación de moneda (Ginebra, 20 de abril de 1929);
- El artículo 8.1 y 2 del Convenio contra la Tortura y otros tratos o penas crueles inhumanos o degradantes (Nueva York, 10.12.1984);
- Los artículos 2 a 4 del Convenio sobre Represión de la trata de personas y explotación de la prostitución ajena (Lake Success –Nueva York- 21 de marzo de 1950).

Como complemento a esta tipificación común, y desde luego con base en la misma, las convenciones establecen a continuación las formas de cooperación policial y judicial que permitirán un castigo a las mismas. Además, establecen las medidas que conducirán a evitar que los delincuentes internacionales obtengan beneficios de su actividad.

Dentro del específico masco comunitario, podemos citar distintos actos normativos dirigidos a la unificación de las legislaciones peales y a intensificar la persecución de ciertas forma de delincuencia:

- 98/699/JAI: Acción común de 3 de diciembre de 1998 adoptada por el Consejo sobre la base del artículo K.3 del Tratado de la Unión Europea, relativa al blanqueo de capitales, identificación, seguimiento, embargo, incautación y decomiso de los instrumentos y productos del delito
- 98/733/JAI: Acción común de 21 de diciembre de 1998 adoptada por el Consejo sobre la base del artículo K.3 del Tratado de la Unión Europea, relativa a la tipificación penal de la participación en una organización delictiva en los Estados miembros de la Unión Europea
- Decisión marco del Consejo, de 29 de mayo de 2000, sobre el fortalecimiento de la protección, por medio de sanciones penales y de otro tipo, contra la falsificación de moneda con miras a la introducción del euro
- 2001/413/JAI: Decisión marco del Consejo, de 28 de mayo de 2001, sobre la lucha contra el fraude y la falsificación de medios de pago distintos del efectivo
- 2001/500/JAI: Decisión marco del Consejo, de 26 de junio de 2001, relativa al blanqueo de capitales, la identificación, seguimiento, embargo, incautación y decomiso de los instrumentos y productos del delito
- 2001/887/JAI: Decisión del Consejo, de 6 de diciembre de 2001, relativa a la protección del euro contra la falsificación
- Decisión marco del Consejo, de 6 de diciembre de 2001, por la que se modifica la Decisión marco 2000/383/JAI sobre el fortalecimiento de la protección, por medio de sanciones penales y de otro tipo, contra la falsificación de moneda, con miras a la introducción del euro
- Decisión 2003/335/JAI del Consejo, de 8 de mayo de 2003, sobre investigación y enjuiciamiento de delitos de genocidio, crímenes contra la humanidad y crímenes de guerra
- Decisión Marco 2008/841/JAI del Consejo, de 24 de octubre de 2008 , relativa a la lucha contra la delincuencia organizada

- Decisión Marco 2008/913/JAI del Consejo, de 28 de noviembre de 2008 , relativa a la lucha contra determinadas formas y manifestaciones de racismo y xenofobia mediante el Derecho penal.
- Decisión Marco 2008/913/JAI, relativa a la lucha contra determinadas formas y manifestaciones de racismo y xenofobia mediante el Derecho Penal
- Directiva 2009/52/CE, por la que se establecen normas mínimas sobre las sanciones y medidas aplicables a los empleadores de nacionales de terceros países en situación irregular

Concretamente en materia de trata de seres humanos:

- 2001/514/JAI: Decisión del Consejo, de 28 de Junio de 2001 Por la que aprueba la segunda fase de desarrollo, intercambios, formación y cooperación a los responsables de la acción contra la trata de personas y la explotación sexual de los niños (STOP II)
- 2002/629: Decisión marco del Consejo, de 19 de Julio de 2002, sobre la Lucha contra la trata de personas
- Directiva 2004/81/CE del Consejo, de 29 de abril de 2004 sobre la expedición de un permiso de residencia a los nacionales de terceros países que Sean víctimas de la trata de personas en Hayan sido objeto de una acción de la Ayuda inmigración ilegal, que cooperen con las autoridades competentes
- 2007/675/CE: Decisión de la Comisión, de 17 de octubre de 2007, por la que se crea un grupo de expertos en la trata de personas.
- Directiva 2011/36/UE, de 5 abril de 2011, relativa a la prevención y lucha contra la trata de seres humanos y a la protección de las víctimas.

En materia de delitos informáticos, cabe citar la Decisión del Consejo, de 29 de mayo de 2000, relativa a la lucha contra la pornografía infantil en Internet y la Resolución legislativa del Parlamento Europeo sobre la iniciativa de la República de Austria con vistas a la adopción de la Decisión del Consejo relativa a la lucha contra la pornografía infantil en Internet (10317/1999 – C5-0318/1999 — 1999/0822(CNS)). Ambas disposiciones tuvieron cabida en el Código Penal. No así los establecido en la Decisión Marco 2005/222/JAI, de 24 de febrero de 2005, relativa a los ataques contra los sistemas de información, cuyo contenido es en general muy próximo al de la Convención sobre el Cibercrimen, o la Decisión Marco 2004/68/JAI del Consejo, de 22 de diciembre de 2003, relativa a la lucha contra la explotación sexual de los niños y la pornografía infantil. Añadir para finalizar la Directiva 2011/93/UE, relativa a la lucha contra los abusos sexuales y la explotación sexual de los menores y la pornografía infantil.

Por último, en materia de terrorismo, cabe mencionar:

- 2002/996/JAI: Decisión del Consejo, de 28 de noviembre de 2002, por la que se establece un mecanismo de evaluación de los sistemas legales y su ejecución a escala nacional en la lucha contra el terrorismo
- Decisión 2008/615/JAI del Consejo, de 23 de junio de 2008 , sobre la profundización de la cooperación transfronteriza, en particular en materia de lucha contra el terrorismo y la delincuencia transfronteriza
- Decisión 2008/616/JAI del Consejo, de 23 de junio de 2008 , relativa a la ejecución de la Decisión 2008/615/JAI sobre la profundización de la cooperación transfronteriza, en particular en materia de lucha contra el terrorismo y la delincuencia transfronteriza
- Decisión Marco 2008/919/JAI del Consejo, de 28 de noviembre de 2008 , por la que se modifica la Decisión Marco 2002/475/JAI sobre la lucha contra el terrorismo
- Decisión 2010/16/PESC/JAI del Consejo, de 30 de noviembre de 2009 , relativa a la firma, en nombre de la Unión Europea, del Acuerdo entre la Unión Europea y los Estados Unidos de América relativo al tratamiento y la transferencia de datos de mensajería financiera de la Unión Europea a los Estados Unidos, a efectos del Programa de seguimiento de la financiación del terrorismo
- 2010/482/UE: Decisión del Consejo, de 26 de julio de 2010 , relativa a la celebración del Acuerdo entre la Unión Europea e Islandia y Noruega sobre la aplicación de determinadas disposiciones de la Decisión 2008/615/JAI del Consejo sobre la profundización de la cooperación transfronteriza, en particular en materia de lucha contra el terrorismo y la delincuencia transfronteriza, y

la Decisión 2008/616/JAI del Consejo relativa a la ejecución de la Decisión 2008/615/JAI sobre la profundización de la cooperación transfronteriza, en particular en materia de lucha contra el terrorismo y la delincuencia transfronteriza, y el anexo del mismo
- 2010/412/: Decisión del Consejo, de 13 de julio de 2010 , relativa a la celebración del Acuerdo entre la Unión Europea y los Estados Unidos de América relativo al tratamiento y la transferencia de datos de mensajería financiera de la Unión Europea a los Estados Unidos a efectos del Programa de Seguimiento de la Financiación del Terrorismo.

B) En materia civil

La convergencia legislativa en el derecho privado, se está produciendo de forma paulatina a través de la reforma y modernización de los procedimientos legales en todos los países. Las bases del enjuiciamiento de los conflictos jurídicos que surgen entre las personas, tanto en el ámbito de las relaciones económicas como personales, no son tan distintos hasta el punto de emerger un orden público internacional, como las declaraciones de las Naciones Unidas sobre los derechos humanos, o sobre los derechos del niño en particular, así como los principios que pueden inducirse de la práctica, ya consolidada, de los convenios internacionales.

En el ámbito del derecho económico, la Organización Mundial del Comercio, los Convenios sobre Navegación Aérea, los Usos del Transporte Marítimo y la Navegación internacional, las bases financieras del Banco Mundial, están consolidando prácticas internacionales que son de aceptación universal.

En el ámbito del derecho de las personas, los convenios internacionales sobre materias de matrimonio, responsabilidad parental o de alimentos, constituyen una base fundamental a la que se refieren romas de la Convención de la Haya y de la propia Unión Europea, que se complementa con la principios procesales de universal aceptación, especialmente los que están dirigidos a asegurar el acceso al proceso, el emplazamiento y la posibilidad de que las personas puedan estar presentes en los juicios en los que se decidan cuestiones que les afecten, la asistencia jurídica gratuita a las personas que carecen de recursos.

5 Auxilio judicial. Principios generales

Como ya hemos dejado analizado, las vías que existen implantadas en el auxilio judicial parten de un mismo principio común histórico, el de que el ejercicio de la jurisdicción, tanto en la fase de conocimiento, como en la de ejecución, es una manifestación de la soberanía, y por consiguiente es intangible, por lo que el juez del territorio podrá cooperar con el exhortante en determinadas materias necesarias para el enjuiciamiento, y con las condiciones exigibles para el reconocimiento y ejecución, pero nunca cederá el monopolio de la función que ejerce, que en todo caso conserva. Este principio básico es el que ha experimentado una mayor evolución en los últimos tiempos, y se ha configurado sobre bases nuevas en los sistemas de tratados bilaterales o multilaterales, como después analizaremos.

Se han de tener en cuenta algunas cuestiones terminológicas: el término "cooperación judicial" comprende dos perspectivas de la misma bien diferenciadas, **a) la activa** cuando es un juzgado del propio Estado el que la solicita de otro, (Estado requirente en la terminología al uso), y **b) la pasiva**, cuando los órganos jurisdiccionales reciben la solicitud de colaboración respecto a la actividad judicial de otro Estado, (requerido).

Estas peticiones, a su vez, pueden venir, **a) por conducto privado**, cuando es un ciudadano, legitimado respecto al derecho ejercitado, el que lo solicita, o **b) por conducto público**, bien sea a través de la actividad diplomática del Estado de origen, **(b.1)**, que insta al gobierno del Estado receptor para que realice el traslado a sus órganos jurisdiccionales, bien **(b.2)** mediante la comunicación directa entre órganos jurisdiccionales de uno u otro país, o bien **(b.3)**, por la actuación de las denominadas "autoridades centrales" (remisoras o receptoras). En los dos últimos casos esta posibilidad está condicionada a la existencia de convenios internacionales sobre la materia, bien sean de carácter bilateral o multilateral.

En el ámbito del derecho privado, los actos preparatorios del proceso, y los propios del enjuiciamiento como emplazamientos, citaciones, y práctica de pruebas, cuando tienen como destinatarios a ciudadanos extranjeros, o nacionales residentes en otro estado distinto del órgano ante el que se sustancia el litigio, suelen tener su cauce adecuado a través de las vías o conductos públicos, a los que nos hemos referido, mientras que el reconocimiento y ejecución de sentencias, el exequatur propiamente, y los actos de ejecución son instados por el propio ciudadano interesado.

No es admisible que un tribunal de un Estado realice actos de ejecución en el territorio de otro Estado. No obstante, en determinadas materias, la vía convencional viene estableciendo unos mecanismos de transmisión de naturaleza pública, mediante la intervención de las referidas "autoridades centrales" o "instituciones intermediarias" dotadas de competencias para actuar directamente, o para incitar la actuación de sus propios tribunales.

A) Confianza mutua

El principio que ha regido en materia de cooperación jurisdiccional con mayor antigüedad es el de desconfianza recíproca, que se comprende atendiendo a la evolución cronológica de la cooperación. Y es que,en general, os sistemas jurídicos de los estados han mostrado desconfianza hacia lo que procede del extranjero.

El primer instrumento del que se dispuso históricamente, que sigue vigente para todos aquellos estados con los que no existe convenio bilateral o multilateral es el de la atribución al poder político la decisión de cooperación, extrayéndolo de las facultades de los tribunales de justicia. Así, la decisión del "exequatur", se transmite, en primer lugar, por el gobierno o poder ejecutivo, que decidirá lo que políticamente considere correcto. En muchos casos, la decisión, ni siquiera llegará a los Tribunales.

En este esquema, el siguiente paso es la facultad del "exequatur", de la admisión de la solicitud de cooperación, sea encomendada a los tribunales, pues éstos decidirán según el sistema legal, y no según la conveniencia política. No obstante lo anterior, el poder legislativo actúa en éstos casos, con la cláusula del "orden público" nacional, anteriormente analizada.

La superación definitiva de la desconfianza, es el establecimiento de sistemas de colaboración. En estos casos, que suelen venir siempre acordados en tratados internacionales o convenios bilaterales, se acepta la petición de auxilio internacional, o de reconocimiento de la decisión de otro Estado, y también el compromiso de facilitar la ejecución, pero de forma condicionada al cumplimiento de determinados requisitos como, por ejemplo, que según la ley interna, no corresponda la competencia de forma exclusiva a los tribunales nacionales, o que no exista un proceso entablado en la Estado receptor sobre la misma cuestión.

La última fase, es la presidida por el principio de confianza. Se basa siempre en que se han previsto determinados casos que han estado sometidos a unas reglas comunes en cuanto a la competencia y la ley aplicable. Los tratados internacionales han señalado un procedimiento común y, al recibir la petición de auxilio, partimos de la base de que los jueces y tribunales del otro Estado han respetado el procedimiento, de la misma forma que nosotros lo hubiéramos respetado. Los jueces actúan a través de la confianza que en los tribunales de los restantes estados vienen determinados por los convenios suscritos y ratificados.

B) *Favor comissionis*

Se trata de un principio general de derecho internacional, en base al cual todas las autoridades públicas, especialmente las de carácter gubernamental, han de procurar levantar los obstáculos, para que lo que se solicita desde un Estado extranjero, sea cumplido. Por supuesto, cuando la comisión rogatoria llega al ámbito de los tribunales de justicia, éstos han de aplicar el mismo criterio facilitador.

En ocasiones los tribunales son más benévolos en cuanto a los requisitos y exigencias formales, con las solicitudes de cooperación que vienen de países el extranjero, que de las del propio país. La explicación no es otra que en la práctica, sería imposible que las peticiones de otro Estado se ajustaran a las formas habituales de actuar de la jurisdicción otro Estado.

Las manifestaciones más usuales de éste principio, son: a) la doctrina de la equivalencia de instituciones y b) el complemento o subsanación de oficio de los defectos formales.

C) Ejecución conforme a la legislación de origen

Uno de los avances más recientes en la cooperación judicial derivado del principio de confianza mutua es el que implica la cumplimentación de los actos de cooperación judicial procedentes del extranjero de acuerdo con las normas procesales propias del estado requirente.

A los efectos de valorar su cumplimiento, vamos a centrarnos en su funcionamiento en el marco de la cooperación judicial penal en el marco de la Unión Europea. En el cuadro que sigue se informa del funcionamiento de los dos sistemas de cooperación judicial que conviven en la actualidad:

A) **Actos de cooperación basados en el Convenio Europeo de asistencia judicial en materia criminal**, de 20 de abril de 1959, con su protocolo adicional, de 1978. En su concepción originaria, vigente con estados que no forman parte del espacio de justicia y seguridad de la Unión Europea, sus artículos 14 a 19 determinan el siguiente procedimiento: a) Comienza con una solicitud de Jueces, Tribunales y del Ministerio Fiscal, indicando la autoridad, motivo, identidad de la persona, persona destinataria, inculpación y hechos. b) Las peticiones se transmiten entre los Ministerios de Justicia de estado requirente y requerido, salvo en caso de urgencia, en cuyo caso puede hacerse de	B) **Actos de cooperación basados en el segundo Protocolo al Convenio de 1959 en el marco del Consejo de Europa (2001) y en particular por el Convenio de 20 de mayo de 2000 en el marco de la Unión Europea.** En este caso, la cooperación se atendrá a las reglas siguientes: a) **Las comunicaciones entre autoridades judiciales se realizarán de manera directa.** b) **La autoridad requerida cumplimentará el acto de cooperación ateniéndose al derecho del estado requirente.** c) Se regula de manera precisa la videoconferencia como mecanismo útil para la declaración de testigos y peritos. d) Se autoriza a las autoridades judiciales de un estado la posibilidad de realizar actos de comunicación

Juez a Juez con comunicación posterior a la autoridad central del estado requerido, admitiéndose en todo caso la remisión por cauce de la INTERPOL.

c) La autoridad judicial del estado requerido cumplimentará la colaboración atendiendo a su legislación interna.

determinados en otro estado.

e) La autoridad judicial de un estado podrá intervenir de manera directa medios de telecomunicación en otro, sin necesidad de requerimiento previo, si los medios tecnológicos disponibles lo permiten, entre otros mecanismos específicos de protección.

En su desarrollo por los artículos 48 a 53 del Convenio de Aplicación del Acuerdo de Schengen suponen las siguientes medidas de aplicación del convenio precedente:

a) Amplían las medidas de cooperación y extienden los supuestos en los que ésta es posible.

b) **Autorizan la comunicación directa entre las autoridades judiciales de los estados requirente y requerido**.

Como complemento de este sistema, destaca por su importancia la Acción Común de 16 de junio de 1998 adoptada por el Consejo sobre buenas prácticas de asistencia judicial en materia penal (98/427/JAI) mencionada con anterioridad.

En concreto, el artículo 4 del Convenio de 29 de mayo de 2000 establece que en los casos en los que se conceda la asistencia judicial, el Estado miembro requerido observará los trámites y procedimientos indicados expresamente por el Estado miembro requirente, salvo disposición contraria del presente convenio y siempre que dichos trámites y procedimientos no sean contrarios a los principios fundamentales del Derecho del Estado miembro requerido.

En la práctica, el funcionamiento de este principio exige que el órgano judicial requirente informe de manera suficiente al órgano requerido del derecho procesal interno de aplicación.

D) Reconocimiento de resoluciones

Una forma reciente de cooperación, basado en el principio de confianza mutua, lo encontramos en el principio de reconocimiento de resoluciones internacionales.

En materia civil, el reconocimiento de las decisiones de un tribunal extranjero, está condicionado a dos circunstancias: a) el nivel en el que se encuentre el sistema de cooperación con el Estado del que se trate, es decir, si hay convenios o no, y así mismo, la índole de dicho convenio; b) a la calificación respecto al orden público, tanto nacional como internacional, es decir, si en el ámbito de los principios esenciales del Estado requerido, la decisión de origen ha respetado lo que las leyes fundamentales, la jurisprudencia o la tradición secular ha considerado de importancia capital, y si también se han respetado los principios internacionales.

El auxilio internacional en cuanto al reconocimiento de decisiones extranjeras, en consecuencia, estará condicionado a la materia de la que se trate, a la existencia o no de convenios y tratados internacionales, al respecto a los principios de orden público, y al respeto de reglas mínimas internacionales, como por ejemplo, la de que el juicio no se haya seguido en el extranjero en rebeldía del demandado.

Dentro del ámbito europeo en materia de cooperación penal, distintas normas se han referido al principio de reconocimiento mutuo. Destacamos en este punto que el artículo III-271 del Proyecto de Constitución para Europa consagra el principio al establecer que la ley marco europea podrá establecer normas mínimas relativas a la definición de las infracciones penales y de las sanciones en ámbitos delictivos que sean de especial gravedad y tengan una dimensión transfronteriza derivada del carácter o de las repercusiones de dichas infracciones o de una necesidad particular de combatirlas según criterios comunes. Estos ámbitos delictivos son los siguientes: el terrorismo, la trata de seres humanos y la explotación sexual de mujeres y niños, el tráfico ilícito de drogas, el tráfico ilícito de armas, el blanqueo de capitales, la corrupción, la falsificación de medios de pago, la delincuencia informática o la delincuencia organizada.

En concreto, se ha producido las siguientes normas comunitarias:

1. Decisión marco 2002/584/JAI del Consejo, de 13 de junio de 2002, relativa a la orden de detención europea y a los procedimientos de entrega entre Estados miembros (DO L190 de 18.7.2002).
2. Decisión marco 2003/577/JAI del Consejo, de 22 de julio de 2003, relativa a la ejecución en la Unión Europea de las resoluciones de embargo preventivo de bienes y de aseguramiento de pruebas (DO L 196 de 2.8.2003).
3. Decisión marco 2005/214/JAI del Consejo, de 24 de febrero de 2005, relativa a la aplicación del principio de reconocimiento mutuo de sanciones pecuniarias (DO L 76 de 23.3.2005)
4. Decisión marco 2006/783/JAI del Consejo, de 6 de octubre de 2006, relativa a la aplicación del principio de reconocimiento mutuo de resoluciones de decomiso (DO L 328 de 24.11.2006)
5. Decisión marco 2008/675/JAI del Consejo, de 24 de julio de 2008, relativa a la consideración de las resoluciones condenatorias entre los Estados miembros de la Unión Europea con motivo de un nuevo proceso penal (DO L 220 de 15.8.2008).
6. Decisión marco 2008/909/JAI del Consejo, de 27 de noviembre 2008, relativa a la aplicación del principio de reconocimiento mutuo de sentencias en materia penal por las que se

imponen penas u otras medidas privativas de libertad a efectos de su ejecución en la Unión Europea (DO L 327 de 5.12.2008)

7. Decisión marco 2008/947/JAI del Consejo, de 27 de noviembre 2008, relativa a la aplicación del principio de reconocimiento mutuo de sentencias y resoluciones de libertad vigilada con miras a la vigilancia de las medidas de libertad vigilada y las penas sustitutivas (DO L 337 de 16.12.2008)
8. Decisión marco 2008/978/JAI del Consejo, de 18 de diciembre 2008, relativa al exhorto europeo de obtención de pruebas para recabar objetos, documentos y datos destinados a procedimientos en materia penal (DO L 350 de 30.12.2008)
9. Decisión marco 2009/299/JAI del Consejo, de 26 de febrero de 2009, por la que se modifican las Decisiones Marco 2002/584/JAI, 2005/214/JAI, 2006/783/JAI, 2008/909/JAI y 2008/947/JAI, destinada a reforzar los derechos procesales de las personas y a propiciar la aplicación del principio de reconocimiento mutuo de las resoluciones dictadas a raíz de juicios celebrados sin comparecencia del imputado (DO L 81 de 27.3.2009)
10. Decisión marco 2008/315/JAI del Consejo, de 26 de febrero de 2009, relativa a la organización y al contenido del intercambio de información de los registros de antecedentes penales entre los Estados miembros (DO L 93 de 7.4.2009).
11 Decisión marco 2009/948/JAI de 30 de noviembre de 2009 de prevención de conflictos de jurisdicción en procedimientos penales (DO L 328 de 15.12.2009).
12. Decisión marco 2009/829/JAI del Consejo, de 23 de octubre de 2009, relativa a la aplicación del principio de reconocimiento mutuo de sentencias y resoluciones de supervisión de medidas alternativas de privación de libertad (DO 294/20 de 11.11.2009).

E) Perspectivas del Programa de Estocolmo

El Programa de Estocolmo profundiza en este principio al marcas pa política legislativa de la Unión Europea hasta 2014. El Consejo Europeo insiste en la prioridad que concede al desarrollo de un espacio de libertad, seguridad y justicia, en respuesta a una preocupación central de los ciudadanos de los Estados reunidos en la Unión.

El Consejo Europeo considera que una prioridad para los próximos años será centrarse en los intereses y las necesidades de los ciudadanos. El reto será asegurar el respeto y la integridad de las libertades fundamentales garantizando al mismo tiempo la seguridad en Europa. Es de vital importancia que las medidas policiales y las medidas destinadas a salvaguardar los derechos individuales, el Estado de Derecho y las normas de protección internacionales vayan unidas en la misma dirección y se refuercen mutuamente.

Para ello, se establecen las siguientes prioridades:

- Fomento de la ciudadanía y los derechos fundamentales: La ciudadanía europea debe llegar a ser una realidad tangible. El espacio de libertad, seguridad y justicia debe ser ante todo un espacio único de protección de los derechos fundamentales. La ampliación del espacio Schengen debe proseguir el respeto de la persona y de la dignidad humana, así como de los demás derechos consagrados en la Carta de Derechos Fundamentales y en el Convenio Europeo de Derechos Humanos, constituye un valor esencial. Se deberá, por ejemplo, preservar el ejercicio de estas libertades y la esfera privada del ciudadano más allá de las fronteras nacionales, en especial por lo que respecta a la protección de datos. Deben tenerse en cuenta las necesidades particulares de las personas vulnerables, y los ciudadanos europeos y otros deberán poder ejercer plenamente sus derechos específicos dentro de la Unión Europea, e incluso, cuando corresponda, fuera de la Unión.
- Una Europa de la ley y la justicia: El logro de una zona europea de la justicia debe consolidar separa superar la fragmentación actual. Debería darse prioridad a los mecanismos destinados a facilitar el acceso a la justicia, de modo que las personas puedan hacer valer sus derechos en toda la Unión. Es necesario también mejorar la

cooperación entre los profesionales del Derecho, así como su formación, y movilizar recursos para poner fin a los obstáculos al reconocimiento de los actos jurídicos en otros Estados miembros.
- Una Europa que protege: Debería elaborarse una estrategia de seguridad interior a fin de seguir mejorando la seguridad en la Unión y así proteger la vida y la seguridad de los ciudadanos europeos y hacer frente a la delincuencia organizada, al terrorismo y demás amenazas. La estrategia debería tener como objetivo el refuerzo de la cooperación policial, de gestión de las fronteras, de protección civil, gestión de catástrofes y cooperación judicial en materia penal, con objeto de hacer a Europa más segura. Asimismo, la Unión Europea debe basar su trabajo en la solidaridad entre los Estados miembros y aplicar íntegramente el artículo 222 del TFUE.
- Acceso a Europa en un mundo globalizado: El acceso a Europa de los empresarios, los turistas, los estudiantes, los científicos, los trabajadores, las personas que necesitan protección internacional, y las demás que tengan interés legítimo en acceder al territorio de la UE debe hacerse más efectivo y eficaz. A la vez, la Unión y sus Estados miembros tienen que garantizar a sus ciudadanos la seguridad. Para estos fines debe concebirse una gestión integrada de las fronteras y una política de visados.
- Una Europa de la responsabilidad, la solidaridad y colaboración en los ámbitos de la migración y el asilo.

El papel de Europa en un mundo globalizado. Sobre estas premisas, se establecen necesidades en distintos puntos, entre ellos:

- Los derechos procesales penales. La protección de los derechos de los sospechosos y acusados en los procesos penales es un valor fundamental de la Unión, imprescindible para mantener la confianza mutua entre los Estados miembros y la confianza del ciudadano en la Unión Europea. El Consejo Europeo acoge por lo tanto con satisfacción la adopción por el Consejo del Plan de trabajo para reforzar los derechos procesales de los sospechosos o acusados en los procesos penales que, cuando se aplique plenamente, reforzará los derechos de las personas en los procesos penales. Este Plan de trabajo formará parte en adelante del Programa de Estocolmo.

    Precisamente, los años precedentes a este programa, se han aprobado normas cono las siguientes:

    o Resolución 97/C 10/01 del Consejo, de 20 de diciembre de 1996, relativa a las personas que colaboran con el proceso judicial en la lucha contra la delincuencia internacional organizada.
    o 98/427/JAI: Acción común de 29 de junio de 1998 adoptada por el Consejo sobre la base del artículo K.3 del Tratado de la Unión Europea, sobre buenas prácticas de asistencia judicial en materia penal
    o Decisión marco del Consejo 2001/220/JAI, de 15 de marzo de 2001, relativa al estatuto de la víctima en el proceso penal.
    o Directiva 2004/80/CE del Consejo de 29 de abril de 2004 sobre indemnización a las víctimas de delitos.
    o Decisión 2005/671/JAI del Consejo, de 20 de septiembre de 2005, relativa al intercambio de información y a la cooperación sobre delitos de terrorismo
    o 2006/337/CE: Decisión de la Comisión, de 19 de abril de 2006 , por la que se establecen unos impresos uniformes para la transmisión de solicitudes y decisiones con arreglo a la Directiva 2004/80/CE del Consejo sobre indemnización a las víctimas de delitos
    o Decisión 2007/845/JAI del Consejo, de 6 de diciembre de 2007 , sobre cooperación entre los organismos de recuperación de activos de los Estados miembros en el ámbito del seguimiento y la identificación de productos del delito o de otros bienes relacionados con el delito.
    o Decisión Marco 2008/977/JAI del Consejo, de 27 de noviembre de 2008, relativa a la protección de datos personales tratados en el marco de la cooperación policial y judicial en materia penal.

- Decisión Marco 2008/977/JAI del Consejo, de 27 de noviembre de 2008 , relativa a la protección de datos personales tratados en el marco de la cooperación policial y judicial en materia penal
- Directiva 2010/64/UE del Parlamento Europeo y del Consejo de 20 de octubre de 2010 relativa al derecho a interpretación y a traducción en los procesos penales.
- DIRECTIVA 2012/29/UE DEL PARLAMENTO EUROPEO Y DEL CONSEJO de 25 de octubre de 2012 por la que se establecen normas mínimas sobre los derechos, el apoyo y la protección de las víctimas de delitos, y por la que se sustituye la Decisión marco 2001/220/JAI del Consejo, esta complementada por 4 El Reglamento (UE) núm. 606/2013 relativo al reconocimiento mutuo de medidas de protección en materia civil como complemento a la orden europea de protección

- Fomentar y desarrollar el principio de reconocimiento mutuo. El Consejo Europeo invita a la Comisión a que:

• proponga, previa evaluación de impacto, un sistema general que sustituya a todos los instrumentos existentes en este ámbito, incluida la Decisión marco sobre el exhorto europeo de obtención de pruebas, que cubra, en la medida de lo posible, todos los tipos de pruebas y contenga plazos para su aplicación y limite en la medida de lo posible los argumentos para la denegación;
• estudie si hay otros medios para facilitar la admisión de pruebas en este ámbito;
• estudie si determinadas medidas de investigación podrían ser ejecutadas por la vía policial o por las autoridades judiciales del Estado miembro requirente/de emisión en conexión y de acuerdo con las autoridades del Estado de ejecución, de conformidad con el artículo 89 TFUE y, según convenga, presente las propuestas necesarias;
• estudie si las autoridades de un Estado miembro podrían, y de qué manera, obtener información rápidamente de entidades privadas o públicas de otro Estado miembro sin recurrir a medidas coercitivas o recurriendo a las autoridades judiciales del otro Estado;
• estudie los resultados de la evaluación de la orden de detención europea y, en su caso, presente propuestas para aumentar la eficacia y la protección legal de los individuos en el procedimiento de entrega, adoptando un planteamiento gradual respecto de otros instrumentos sobre reconocimiento mutuo;
• elabore un estudio global sobre los obstáculos legales y administrativos existentes a la ejecución transfronteriza de las sanciones y decisiones administrativas aplicables a las infracciones de tráfico y presente, en caso necesario, ulteriores iniciativas legislativas o de otro tipo para mejorar la seguridad vial en la Unión.
• estudie el uso de la inhabilitación a los Estados miembros y proponga al Consejo un programa de medidas, incluido el intercambio de información sobre determinados tipos de inhabilitaciones, que adopte un planteamiento a largo plazo y gradual, que conceda prioridad a los casos en los que resulte muy probable que la inhabilitación afecte a la seguridad personal o a la actividad empresarial.

6 Cumplimentación

El principal efecto de la recepción de una solicitud de cooperación se refiere al cumplimiento. A tal efecto, los convenios acostumbran a introducir cláusulas que establecen el deber de diligencia en el cumplimiento de la petición. Si no existiera convenio ni tratado internacional, en el ámbito civil se aplican los principios de la reciprocidad, apreciada doblemente, primero por el gobierno, o poder ejecutivo, que examinará la oportunidad política, y después, por el judicial.

Como complemento a la idea anterior, los mismos convenios sobre la materia acostumbran a incluir determinados motivos, algunos facultativos y otros preceptivos, para la denegación de cooperación por parte de las autoridades requeridas. Los supuestos más frecuentes son los siguientes:

a) No estar justificada la solicitud en base a los presupuestos del propio Convenio. Esto es, en el caso de aludirse un convenio multilateral determinado, que el supuesto de hecho sometido a investigación no se encuentra amparado dentro de la letra del instrumento internacional.

b) Referirse la solicitud a quien no tenga residencia habitual en el Estado requerido o a quien no sea nacional del Estado requerido.

c) Estimar que la petición se basa en hechos de índole política o militar. Los delitos de terrorismo no son, en cualquiera de los casos, delitos políticos de acuerdo con la legislación multilateral generalmente ratificada por la mayor parte de los estados.

d) La prescripción del hecho punible, de acuerdo con la legislación del estado requirente o requerido. En este punto cabe añadir que la legislación de algunos estados viene exigiendo para proceder a la cumplimentación de las solicitudes de cooperación procedentes del extranjero una certificación de que el hecho no se halla prescrito de acuerdo con la legislación del estado requirente.

e) La contravención de los principios fundamentales del orden jurídico del Estado requerido.

La existencia de actividades judiciales en el estado requerido puede determinar, asimismo, un motivo de denegación, por estimar, de acuerdo con la legislación interna, que el supuesto es de la competencia exclusiva de la jurisdicción requerida. Ésta, a su vez, puede haber concluido el procedimiento condenando o dictando una resolución que impida, de acuerdo con las normas internas, un nuevo proceso penal sobre los mismos hechos. En este caso, opera la excepción de **ne bis in idem**. Al respecto, y referido al ámbito de aplicación establecido en el Convenio de Aplicación del Acuerdo de Schengen, dentro de la Unión Europea, el Tribunal de Justicia de las Comunidades Europeas resolvió en la sentencia de 9 de marzo de 2006 (asunto *van Esbroeck*) de la siguiente manera:

> El criterio pertinente (...) está constituido por el de la identidad de los hechos materiales, entendido como la existencia de un conjunto de hechos indisolublemente ligados entre sí, con independencia de su calificación jurídica o del interés jurídico protegido.

La falta de competencia del órgano requerido puede servir para determinar la ausencia de cumplimentación de la solicitud requerida. En este caso, dependiendo del marco aplicable, puede autorizarse la remisión directa a la autoridad concretamente competente, si es judicial, con comunicación a la requirente, aspecto posible en el marco regional europeo, tanto en el ámbito del Segundo Protocolo de 2001 al Convenio de Asistencia Mutua el materia Penal de 1959, como en el del Convenio de 29 de mayo de 2000, en el campo de la Unión Europea.

En todo caso, los convenios sobre la materia acostumbran al órgano requerido a obligar a motivar la denegación de la cumplimentación de la petición de cooperación de forma expresa. En virtud del principio *favor comissionis*, estos motivos no pueden ser interpretados de forma extensiva.

2 La determinación de la jurisdicción. La Corte Penal Internacional

1 La determinación de la jurisdicción competente.

A) En general.

Con carácter previo a fijar las medidas propias de cooperación, resulta imprescindible referirse a los mecanismos de atribución de la jurisdicción. **Puede definirse jurisdicción como el conjunto de competencias legislativas, administrativas y judiciales ejercidas sobre su territorio y dotadas de plenitud, exclusividad e inviolabilidad.**

Aunque depende del derecho interno de cada estado, tanto en su presencia como en su configuración sustantiva o procesal, los principios fundamentales de asignación de la jurisdicción son los siguientes:

- Principio de territorialidad
- Principio del pabellón,
- Principio activo de personalidad,
- Principio de protección,
- Principio pasivo de personalidad
- Principio de universalidad
- Principio de justicia interina
- Principio de reparto de competencias

a) Extensión en territorio

Tratándose de un aspecto que enlaza directamente con la soberanía, las legislaciones internas han asumido el conocimiento de los delitos cometidos en los territorios respectivos, en definitiva, amparando el concepto de territorialidad de la jurisdicción. Dentro del territorio cabe comprender:

1. El ámbito que comprende el territorio en sentido geográfico, esto es, el espacio terrestre, marítimo y aéreo sometido a la soberanía correspondiente. El espacio terrestre se corresponde con la tierra firme y aguas interiores comprendidas dentro de las fronteras, mientras que el marítimo se extiende sobre la zona de doce millas náuticas adyacente a las costas. El espacio aéreo es el que se eleva sobre el espacio terrestre y el mar territorial.

2. Los edificios de legaciones en el extranjero pues la competencia para los restantes estados aparece limitada por el artículo 22 de la Convención de Viena de 18 de abril de 1961, que otorga inviolabilidad a dichos espacios. De acuerdo con su dicción "los locales de la misión son inviolables. Los agentes del Estado receptor no podrán penetrar en ellos sin consentimiento del jefe de la misión (...). Los locales de la misión, su mobiliario

y demás bienes situados en ellos, así como los medios de transporte de la misión, no podrán ser objeto de ningún registro, requisa, embargo o medida de ejecución". De acuerdo con el artículo 30, esta protección se extiende, asimismo, a la residencia del agente diplomático al decir que "la residencia particular del agente diplomático goza de la misma inviolabilidad y protección que los locales de la misión. Sus documentos, su correspondencia y, salvo lo previsto en el párrafo 3 del Artículo 31, sus bienes, gozarán igualmente de inviolabilidad".

Por su parte, los locales consulares gozan de inviolabilidad en los términos del artículo 31 del Convenio de Viena sobre relaciones consulares: "Los locales consulares gozarán de la inviolabilidad que les concede este artículo. Las autoridades del Estado receptor no podrán penetrar en la parte de los locales consulares que se utilice exclusivamente para el trabajo de la oficina consular, salvo con el consentimiento del jefe de la oficina consular, o de una persona que él designe, o del jefe de la misión diplomática del Estado que envía". Dicha inviolabilidad se extiende a sus archivos y correspondencia.

3. Asimismo, forman parte del territorio en sentido jurídico los espacios acogidos por el denominado derecho de bandera o de pabellón, es decir, los buques y aeronaves cualquiera que sea el lugar en que se encuentren, a salvo de lo dispuesto por los Tratados Internacionales.

4. Las Naciones Unidas, sus locales, así como sus bienes y haberes en cualquier parte y en poder de cualquier persona, gozarán de inmunidad contra todo procedimiento judicial a excepción de los casos en que renuncie expresamente a esa inmunidad. Se entiende, sin embargo, que esa renuncia no se aplicará a ninguna medida judicial ejecutoria (Convención sobre Prerrogativas e Inmunidades de las NN. UU. De 13 de febrero de 1946).

b) En función de las personas o de las materias

Además, en otros casos la competencia internacional de la jurisdicción de los estados se extiende a las siguientes materias:

A) Supuestos en los que las víctimas y los agresores comparten la nacionalidad del estado que establece la jurisdicción, con independencia del lugar en el que el delito se ha producido. Esto es, el principio personal activa de la jurisdicción.
B) Los casos de delitos que ataquen la soberanía, la persona del jefe del estado, la falsificación de la moneda propia o la independencia de un determinado estado. En este caso nos referimos al principio de legítima defensa de la soberanía o de protección de intereses.
C) Delitos de persecución universal, como la trata de seres humanos, el genocidio, el terrorismo, la piratería, el tráfico de drogas o la falsificación de moneda. Se trata del principio de universalidad de la jurisdicción.

c) Limitaciones por razón de las relaciones internacionales

En sentido negativo, la jurisdicción no puede extenderse a los actos de determinadas personas que gozan del privilegio de la inviolabilidad y de la inmunidad de jurisdicción. En el ámbito personal, destacar que los agentes diplomáticos y consulares cuentan con una protección que implica tanto la inviolabilidad como la inmunidad de jurisdicción:

a) **inviolabilidad.** Asiste a las siguientes personas:

- Jefes de Estado. La Convención sobre las inmunidades jurisdiccionales de los Estados y de sus bienes de 16 de diciembre de 2004 recoge este privilegio al que otorga un carácter *intuitu personae*.

- Agentes diplomáticos. De acuerdo con el artículo 29 del Convenio de Viena de relaciones diplomáticas: La persona del agente diplomático es inviolable. No puede ser objeto de ninguna forma de detención o arresto.

- Los miembros de la familia del agente diplomático, siempre que no sean nacionales del estado receptor (artículo 37.1 del convenio de relaciones diplomáticas).

- Los miembros del personal administrativo y técnico de la misión, con los miembros de sus familias que formen parte de sus respectivas casas, siempre que no sean nacionales del Estado receptor ni tengan en él residencia permanente (artículo 37.2 del convenio de relaciones diplomáticas).

- Los funcionarios consulares no podrán ser detenidos o puestos en prisión preventiva sino cuando se trate de un delito grave y por decisión de la autoridad judicial competente. Excepto en el caso anterior, los funcionarios consulares no podrán ser detenidos ni sometidos a ninguna otra forma de limitación de su libertad personal, sino en virtud de sentencia firme. Cuando se instruya un procedimiento penal contra un funcionario consular, éste estará obligado a comparecer ante las autoridades competentes. Cuando sea necesario detener a un funcionario consular, el correspondiente procedimiento contra él deberá iniciarse sin la menor dilación (artículo 41 del Convenio de Relaciones Consulares).

- Tampoco pueden ser detenidos los representantes de los Miembros en los órganos principales y subsidiarios, y a los representantes a las conferencias convocadas por las Naciones Unidas, mientras éstos se encuentren desempeñando sus funciones o se hallen en tránsito al lugar de reunión y a su regreso (Convención sobre Prerrogativas e Inmunidades de las NN. UU. De 13 de febrero de 1946, Convención de Prerrogativas e inmunidades de los organismos especializados de las NN. UU. de 21 de noviembre de 1947; Convención Internacional sobre las misiones especiales de 1969, Acuerdo de privilegios e inmunidades de la Corte Penal Internacional de 9 de septiembre de 2002).

b) **Inmunidad.** Son inmunes a la jurisdicción del estado receptor:

- El agente diplomático gozará de inmunidad de la jurisdicción penal del Estado receptor. La inmunidad de jurisdicción de un agente diplomático en el Estado receptor no le exime de la jurisdicción del Estado acreditante. (artículo 31.1 del Convenio de Viena de relaciones diplomáticas). Además, no estará obligado a declarar como testigo.

- Los miembros del personal de servicio de la misión que no sean nacionales del Estado receptor ni tengan en él residencia permanente, gozarán de inmunidad por los actos realizados en el desempeño de sus funciones (artículo 31.3 del Convenio de relaciones diplomáticas).

- Los funcionarios consulares y los empleados consulares no estarán sometidos a la jurisdicción de las autoridades judiciales y administrativas del Estado receptor por los actos ejecutados en el ejercicio de las funciones consulares (artículo 43.1 del Convenio de relaciones consulares). A diferencia de los agentes diplomáticos, éstos se encuentran obligados a comparecer como testigos cuando fueren llamados.

- Los funcionarios de las NN. UU. por las expresiones y actos de su labor. Y los representantes de los Miembros en los órganos principales y subsidiarios, y a los representantes a las conferencias convocadas por las Naciones Unidas, mientras éstos se encuentren desempeñando sus funciones o se hallen en tránsito al lugar de reunión y a su regreso (Convención sobre Prerrogativas e Inmunidades de las NN. UU. De 13 de febrero de 1946, Convención de Prerrogativas e inmunidades de los organismos especializados de las NN. UU. de 21 de noviembre de 1947; Convención Internacional sobre las misiones especiales de 1969, Acuerdo de privilegios e inmunidades de la Corte Penal Internacional de 9 de septiembre de 2002).

d) Tendencias limitadoras

En la actualidad, estas limitaciones a las jurisdicciones de los estados se han visto limitadas en la aplicación de los tribunales, toda vez que, bien han ido desapareciendo las razones que los vieron nacer (caso de las inmunidades parlamentarias) o han generado bolsas de impunidad, corrupción o desigualdad. Esta tendencia tanto se encuentra en fuentes normativas como en la aplicación de los tribunales.

Conforme al artículo 27 del Estatuto de la Corte Penal Internacional, el Estatuto será aplicable por igual a todos sin distinción alguna basada en el cargo oficial. En particular, el cargo oficial de una persona, sea Jefe de Estado o de Gobierno, miembro de un gobierno o parlamento, representante elegido o funcionario de gobierno, en ningún caso la eximirá de responsabilidad penal ni constituirá *per se* motivo para reducir la pena. Las inmunidades y las normas de procedimiento especiales que conlleve el cargo oficial de una persona, con arreglo al derecho interno o al derecho internacional, no obstarán para que la Corte ejerza su competencia sobre ella.

Al amparo de la misma, la Corte solicitó la detención de Omar Hassan Al Bashir, presidente de Sudán el 14 de julio de 2008 y el 12 de julio de 2010.

Otra vía limitadora, también en relación con los jefes de estado, la encontramos en la progresiva adopción del consenso de que la protección desaparece con la finalización del mandato. Así, en la jurisdicción de los estados lo apreciamos en la sentencia de la Corte Suprema de la República de Perú que el 12 de diciembre de 2007 condenó al expresidentes Fujimori, o la decisión del Comité de la Cámara de los Lores británica de 24 de marzo de 1999 que concede la extradición del expresidentes chileno Pinochet a España.

e) Extensión de la jurisdicción por convenios internacionales.

Al margen de lo anterior, algunos convenios recientes en el tiempo relativos a supuestos delictivos manifestados en varios estados se plasman criterios de atribución jurisdiccional basados generalmente en el territorio o en la personalidad activa o pasiva, y a ellos se añade el compromiso de cada Estado para perseguir los hechos, sea cual sea el lugar de comisión, cuando el presunto autor se encuentre en su territorio y no conceda la extradición, previendo así una reacción ordenada contra la impunidad, y suprimiendo la posibilidad de que existan Estados que sean utilizados como refugio. Pero no se ha establecido expresamente en ninguno de esos tratados que cada Estado parte pueda perseguir, sin limitación alguna y acogiéndose solamente a su legislación interna, los hechos ocurridos en territorio de otro Estado. Estos convenios multilaterales, principalmente elaborados en los últimos años y a los que nos referiremos con mayor precisión más adelante, han establecido las siguientes fórmulas dirigidas concretamente a la determinación de la jurisdicción.

Convención de las Naciones Unidas contra el tráfico ilícito de estupefacientes y sustancias psicotrópicas.

El esquema establecido en el Convenio de Viena de 1988 es el establecido por su artículo 4, que establece las medidas dirigidas a establecer reglas claras en la determinación de la jurisdicción competente. Así cada una de las partes:

a) Adoptará las medidas que sean necesarias para declararse competente respecto de los delitos comprendidos en la convención:
    i) Cuando el delito se cometa en su territorio;
    ii) Cuando el delito se cometa a bordo de una nave que enarbole su pabellón o de una aeronave matriculada con arreglo a su legislación en el momento de cometerse el delito;

b) Además, con carácter facultativo podrá adoptar las medidas que sean necesarias para declararse competente respecto de los mismos delitos:
    i) Cuando el delito sea cometido por un nacional suyo o por una persona que tenga su residencia habitual en su territorio;
    ii) Cuando el delito se cometa a bordo de una nave para cuya incautación dicha Parte haya recibido previamente autorización por parte del estado de abanderamiento; o
    iii) Cuando el delito se cometa fuera de su territorio con miras a perpetrar en él otro distinto.

Convenio Internacional para la represión de la financiación del terrorismo.

Siguiendo este esquema, cada Estado parte en esta convención adoptará las medidas que sean necesarias para establecer su jurisdicción respecto de los delitos referidos en la mísma cuando éstos sean cometidos:

    f)   En el territorio de ese Estado;
    g)   Por un nacional de ese Estado;
    h)   A bordo de un buque que enarbole el pabellón de ese Estado o de una aeronave matriculada de conformidad con la legislación de ese Estado en el momento de la comisión del delito.

Cada Estado podrá también establecer su jurisdicción respecto de cualquiera de tales delitos cuando sean cometidos con la finalidad de cometer un estado en el territorio o contra instalaciones del mismo.

Convención de la Organización de las Naciones Unidas contra la criminalidad organizada transnacional.

Por último, de acuerdo con el artículo 15 de la convención sobre la materia, cada Estado parte adoptará las medidas que sean necesarias para establecer su jurisdicción respecto de los delitos comprendidos en la convención cuando:

    a)   El delito se cometa en su territorio; o
    b)   El delito se cometa a bordo de un buque que enarbole su pabellón o de una aeronave registrada conforme a sus leyes en el momento de la comisión del delito.

Asimismo, un Estado Parte también podrá establecer su jurisdicción para conocer de tales delitos cuando:

    a)   El delito se cometa contra uno de sus nacionales;

    b)   El delito sea cometido por uno de sus nacionales o por una persona apátrida que tenga residencia habitual en su territorio; o

    c)   El delito se cometa fuera de su territorio con miras a la comisión en su interior.

A estos efectos, cada estado parte adoptará las medidas que sean necesarias para establecer su jurisdicción respecto de los delitos comprendidos en la Convención cuando el presunto delincuente se encuentre en su territorio y el estado parte no lo extradite por el solo hecho de ser uno de sus nacionales.

En los casos en los cuales dos estados parte realizan una investigación, un proceso o una actuación judicial respecto de los mismos hechos, las autoridades competentes de esos Estados Parte se consultarán, según proceda, a fin de coordinar sus medidas.

La Convención de Naciones Unidas contra la corrupción.

Conforme al artículo 17, cada Parte adoptará las medidas legislativas y de otra índole que sean necesarias para determinar su competencia en relación con cualquiera de los delitos tipificados en virtud de los artículos 2 a 14 del presente Convenio, cuando:

a. el delito se haya cometido total o parcialmente en su territorio;
b. el autor del delito sea uno de sus nacionales, uno de sus agentes públicos o un miembro de sus asambleas públicas nacionales;
c. en el delito esté implicado uno de sus agentes públicos o un miembro de sus asambleas públicas nacionales o cualquiera de las personas a que se refieren los artículos 9 a 11 y que al mismo tiempo sea uno de sus nacionales.

B) El concreto supuesto de la actuación sobre buques

1 Introducción

La actuación de los estados sobre los buques es una materia que no plantea en abstracto problemas. Cuando un buque infringe las normas de un estado debe quedar sometida a sus disposiciones, claro está que pensamos en un sentido territorial, esto es, el barco se encuentra en el puerto o próximo a la costa. Sin embargo, cualquier lector de prensa puede recordar noticias de capturas de barcos de piratas en el Océano Índico, de pesqueros que faenan con determinadas artes en el Atlántico Norte, que transportan droga desde Sudamérica, o cayucos que son detenidos en Alta Mar procedentes de la costa oeste africana. En ocasiones los barcos afectados no llevan bandera o sencillamente la llevan de conveniencia al amparo del principio de libertad de los mares. Sin embargo, la capacidad de actuación extraterritorial de los estados ya fue tratada por el Tribunal Permanente de Justicia Internacional en el clásico *asunto Lotus* (Francia c. Turquía, 7 de septiembre de 1927). De acuerdo con su conclusión, "las normas jurídicas que obligan a los Estados se basan en la propia voluntad de éstos. No puede presumirse entonces restricciones en la independencia de los Estados. A falta de una regla permisiva en contra, la restricción que el Derecho internacional impone a los Estados en el sentido de que no pueden ejercer su poder de cualquier forma en el territorio de otro Estado está por encima de todo". Sin embargo, "lejos de crear una prohibición general de que los Estados no puedan extender la aplicación de sus leyes y la de sus tribunales a personas, propiedades y actos fuera de su territorio. El Derecho internacional Público, a este respecto deja un margen ancho de discrecionalidad, que sólo se ve limitado en ciertos casos por reglas prohibitivas". En la actualidad y tras una evolución doctrinal, se viene entendiendo que ante determinados supuestos resulta lícita la actuación estatal fuera de sus fronteras[1]. En estas condiciones, el propósito de este artículo es actualizar la situación internacional y la legal española en la materia relativa a la actuación estatal sobre los buques.

---

[1] Sánchez Legido, 2003.

2 Presupuestos de la actuación estatal sobre buques.

Presupuestos jurídicos de la actuación estatal

El punto de partida inevitable es determinar el ámbito de la ley y la soberanía a las que se remite la sentencia Lotus en el caso español.

Competencia internacional de la jurisdicción española. El concepto de soberanía no se define en la legislación penal sino en la Ley Orgánica del Poder Judicial, cuyo artículo 22.1 de la Ley Orgánica del Poder Judicial establece la regla general al concretar que en el orden penal corresponderá la jurisdicción española el conocimiento de las causas por delitos y faltas cometidos en territorio español o cometidos a bordo de buques o aeronaves españoles, sin perjuicio de lo previsto en los tratados internacionales en que España sea parte. Sin embargo, esta regla general debe concretarse aun más2. En primer término, indicar que el concepto de territorio empleado en la norma reproducida tiene un alcance más jurídico que físico, por comprender aquellos espacios físicos en donde resulta de aplicación la legislación positiva del Estado. Por consiguiente, comprende varios espacios físicos, a saber, el terrestre, las aguas interiores y el espacio aéreo. El espacio terrestre comprende el suelo y el subsuelo y se halla delimitado por las fronteras3. Las aguas interiores se regulan en el artículo 2 de la Ley 10/1977, de 4 de enero de Mar Territorial, el Real Decreto 2510/1977 y la Ley 22/1988, de 28 de julio, de costas. Por último, el espacio aéreo se regla en la Ley de Navegación Aérea de 21 de julio de 1960. Por otro lado, el territorio de los estados alcanza los edificios de legaciones en el extranjero así como la residencia del embajador (22 y 31 de la Convención de Viena de 18 de abril de 1961). Más adelante veremos como ese espacio físico se concreta en el mar. En segundo término, los tratados internacionales pueden establecer vías para que los estados persigan determinados supuestos de los que más adelante se tratará alguno, facilitando la persecución internacional de los mismos. Además, han ido extendiendo los ámbitos de soberanía de los estados plasmando criterios de atribución jurisdiccional basados generalmente en el territorio o en la personalidad activa o pasiva, y a ellos se añade el compromiso de cada Estado para perseguir los hechos, sea cual sea el lugar de comisión, cuando el presunto autor se encuentre en su territorio y no conceda la extradición, previendo así una reacción ordenada contra la impunidad, y suprimiendo la posibilidad de que existan Estados que sean utilizados como refugio. Pero no se ha establecido expresamente en ninguno de esos tratados que cada Estado parte pueda perseguir, sin limitación alguna y acogiéndose solamente a su legislación interna, los hechos ocurridos en territorio de otro Estado. Son los casos de los artículos 4 de la Convención de las Naciones Unidas contra el tráfico ilícito de estupefacientes y sustancias psicotrópicas, del 4 del Convenio Internacional para la represión de la financiación del terrorismo y del 15 de de la Convención de la Organización de las Naciones Unidas contra la criminalidad organizada transnacional. El objetivo explícito es evitar que los vacíos en la determinación de la jurisdicción generen esferas de impunidad. De manera complementaria, las convenciones internacionales han establecido cauces para facilitar la cesión de jurisdicción en supuestos en que sean varios los estados que pretendan el enjuiciamiento de unos mismos hechos. Son los casos de los artículos 21 de la Convención de la Organización de las Naciones Unidas contra la criminalidad organizada transnacional y 8 de la Convención de las Naciones Unidas contra el tráfico ilícito de estupefacientes y sustancias psicotrópicas.

Aplicación de la Ley en el espacio. Una regla general del Derecho consiste en que las normas de orden público se aplican en el territorio español. Así se deduce del artículo 8 del Código Civil, que establece que las Leyes penales, las de policía y las de seguridad pública

---

2 Indicar que esta regla de aplicación del derecho penal en el territorio o en buques o aeronaves de matrícula nacional la encontramos en los artículos 4 y del Código Penal portugués, 113 del Código Penal francés, 6 y 7 del Código Penal italiano y los parágrafos 3 y 4 del Código Penal alemán. Como indica PALOMO, 1999, nuestra legislación penal se distingue de la comparada pues es no es la legislación penal la que establece los principios de territorialidad y de pabellón sino la orgánica judicial en relación con la general del Código Civil.

3 España ha fijado sus fronteras con Francia en los tratados de Bayona de 1856, 1862 y 1866, con Portugal mediante los tratados de Lisboa de 1864, Madrid de 1906 y Lisboa de 1926, y con el Reino Unido en el Tratado de Utrecht de 1713. Asimismo, ha firmado con los Estados Unidos de Norteamérica un Convenio de 1 de diciembre de 1988 de cooperación para la defensa que implica la cesión de unos espacios de utilización conjunta.

obligan a todos los que se hallen en territorio español. Sin embargo, como veremos, el concepto de territorio se encuentra en la actualidad superado. Sin perjuicio de abundar en los siguientes epígrafes, indicar que en la actualidad debe concluirse que la ley penal española, y con ella la de policía, se aplica allí donde España ejerce su soberanía.

Formas de actuación sobre los buques.

Centradas la jurisdicción y el ámbito de aplicación de la ley, el siguiente aspecto a considerar es conocer la capacidad de los órganos jurisdiccionales sobre buques en caso de infracción penal. Sin perjuicio de concretarlos en el epígrafe siguiente, las medidas de actuación se exponen en grado progresivo desde su apresamiento hasta la eventual adjudicación al estado.

Apresamiento. El concepto de apresamiento no se establece en la Ley de Enjuiciamiento Criminal. Pese a la omisión de la mecánica de esta operación en la procesal criminal, como veremos la actuación de apresar buques es una práctica relativamente frecuente y desde luego inevitable en la persecución de determinadas formas de delincuencia. Su amparo legal se encuentra por un lado en el artículo 13 de la Ley de Enjuiciamiento Criminal, que autoriza la práctica de cuantas diligencias sean precisas para consignar las pruebas y averiguar los delitos y, por otro, en la admisibilidad de una diligencia consecuencia de la inmovilización del buque, a saber, el registro que mencionamos a continuación.

Entrega de piratas somalíes a Kenia por el apresamiento del pesquero Playa de Bakio en abril de 2008

Registro. La Ley de Enjuiciamiento Criminal de 1882 regula la práctica de la diligencia de instrucción consistente en la entrada y registro en lugar cerrado en sus artículos 545 y siguientes. Precisamente datan de esa fecha las disposiciones relativas a la entrada en buques, disponiendo el primero que para entrar y registrar en los buques mercantes extranjeros el juez deberá contar con la autorización del Capitán, o, si éste la denegare, del Cónsul de su nación. En los buques extranjeros de guerra, la falta de autorización del Comandante se suplirá por la del Embajador o Ministro de la nación a que pertenezcan. Como podrá apreciar el lector, la legislación procesal española está falta de actualización. En todo caso, subrayar que la Ley de Enjuiciamiento Criminal regula las formalidades de la diligencia, deduciéndose de sus presupuestos de la jurisprudencia del Tribunal Constitucional.

Embargo. La legislación procesal penal regula dos formas de embargo. El embargo propio es una medida cautelar que se desarrolla en los artículos 589 y 598 y siguientes de la Ley de

Enjuiciamiento Criminal. A tal efecto, el artículo 589 establece que cuando del sumario resulten indicios de criminalidad contra una persona, se mandará por el Juez que preste fianza bastante para asegurar las responsabilidades pecuniarias que en definitiva puedan declararse procedentes, decretándose en el mismo auto el embargo de bienes suficientes para cubrir dichas responsabilidades si no prestare la fianza. Por lo tanto, se configura el embargo como una medida cautelar subsidiaria de la finaza dirigida a garantizar toda clase de responsabilidades pecuniarias, civiles y penales, que se puedan derivar de una sentencia penal. Lo no previsto en esta escueta regulación se regirá por lo establecido en la Ley de Enjuiciamiento civil. La segunda forma de embargo se regula en la Ley 18/2006, de 5 de junio, para la eficacia en la Unión Europea de las resoluciones de embargo y de aseguramiento de pruebas en procedimientos penales, cuyo propósito es regular el procedimiento que deben seguir las autoridades judiciales españolas para transmitir, a las autoridades correspondientes de los demás Estados miembros de la Unión Europea, una resolución en la que se acuerde el embargo de bienes o una medida de aseguramiento de pruebas, adoptada en el curso de un procedimiento penal, cuando los bienes de que se trate se encuentren en el territorio de aquéllos y viceversa. Además, el objeto del embargo presenta un contenido más estricto. De acuerdo con el artículo 2 de la Ley, las resoluciones de embargo de bienes o de aseguramiento de pruebas a las que se refiere esta Ley se dirigen a impedir provisionalmente la destrucción, transformación, desplazamiento, transferencia o enajenación de bienes que pudieran ser sometidos a decomiso o utilizarse como medios de prueba. No es, por lo tanto una medida propiamente cautelar y su objeto no se extiende a cualquier responsabilidad pecuniaria sino únicamente aquellas susceptibles de decomiso, con exclusión de las responsabilidades civiles. Esta ley incorpora en nuestro ordenamiento jurídico la Decisión Marco 2003/577/JAI del Consejo, de 22 de julio de 2003.

Comiso. La última decisión estatal susceptible de recaer sobre un buque es el comiso. De acuerdo con el artículo 127 del Código Penal, en la redacción otorgada por la Ley Orgánica 5/2010, de 22 de junio, con entrada en vigor el 22 de diciembre de ese año, toda pena que se imponga por un delito o falta dolosos llevará consigo la pérdida de los efectos que de ellos provengan y de los bienes, medios o instrumentos con que se haya preparado o ejecutado, así como las ganancias provenientes del delito o falta, cualesquiera que sean las transformaciones que hubieren podido experimentar. Los unos y las otras serán decomisados, a no ser que pertenezcan a un tercero de buena fe no responsable del delito que los haya adquirido legalmente. El Juez o Tribunal deberá ampliar el decomiso a los efectos, bienes, instrumentos y ganancias procedentes de actividades delictivas cometidas en el marco de una organización o grupo criminal o terrorista, o de un delito de terrorismo. A estos efectos se entenderá que proviene de la actividad delictiva el patrimonio de todas y cada una de las personas condenadas por delitos cometidos en el seno de la organización o grupo criminal o terrorista o por un delito de terrorismo cuyo valor sea desproporcionado con respecto a los ingresos obtenidos legalmente por cada una de dichas personas. Añadir que la regulación de la circulación europea de las resoluciones judiciales que establecen el decomiso conforme a la Decisión Marco 2006/783/JAI del Consejo, de 6 de octubre de 2006, relativa a la aplicación del principio de reconocimiento mutuo de resoluciones de decomiso se ha incorporado en nuestro ordenamiento jurídico a través de la Ley 4/2010, de 10 de marzo.

Apresamiento y embargo de buques

Sentadas las premisas básicas, es decir, el margen de aplicación de la ley, el ámbito general de la jurisdicción y las modalidades de actuación, llega el momento de concretar cómo estas medidas se plasman en los buques allá donde estos se encuentren.

La jurisdicción española en el mar

Con anteriordad se ha definido la aplicación de la jurisdicción en el territorio, sin embargo se ha definido como integrante del mismo una porción de aguas que integran las aguas interiores. Debe añadirse que el ámbito jurisdiccional se extiende a determinadas aguas en una serie de ámbitos que definiremos siguiendo un orden de mayor a menor soberanía. Estas zonas de interés para la navegación se definen den el artículo 7 de la Ley 27/1992, de 24 de noviembre, de Puertos del Estado y la Marina Mercante, en su redacción otorgada por la Ley 33/2010, de 5 de agosto. De acuerdo con esta definición:

> Son zonas en las que España ejerce soberanía, derechos soberanos o jurisdicción, además de las aguas interiores marítimas, el mar territorial, la zona contigua y la zona económica exclusiva.
> Son aguas interiores marítimas españolas, a los efectos de esta Ley, las situadas en el interior de las líneas de base del mar territorial. Las aguas interiores marítimas incluyen las de los puertos marítimos y cualesquiera otras comunicadas permanentemente con el mar hasta donde se haga sensible el efecto de las mareas, así como los tramos navegables de los ríos hasta donde existan puertos de interés general.
> Es mar territorial aquél que se extiende hasta una distancia de doce millas náuticas contadas a partir de las líneas de base desde las que se mide su anchura.
> Es zona contigua la que se extiende desde el límite exterior del mar territorial hasta las veinticuatro millas náuticas contadas desde las líneas de base a partir de las cuales se mide la anchura del mar territorial.
> Es zona económica exclusiva la que se extiende desde el límite exterior del mar territorial hasta una distancia de doscientas millas náuticas contadas a partir de las líneas de base desde las que se mide la anchura de aquél.

Mar territorial. Se define en los artículos 3 a 13 de la Convención de Ginebra sobre Mar Territorial y la Zona Contigua de 1958 y 2 a 16 de la Convención de Naciones Unidas de Derecho del Mar de Montego Bay de 10 de diciembre de 1982. Se configura en el artículo 1 de la Ley 10/1977 y al respecto el artículo 7 de la Ley 28/1992. De cuerdo con el artículos 2 de la Convención de Derecho del Mar de 1982, la soberanía del Estado ribereño se extiende más allá de su territorio y de sus aguas interiores y, en el caso del Estado archipelágico, de sus aguas archipelágicas, a la franja de mar adyacente designada con el nombre de mar territorial. Esta soberanía se extiende, con respeto del derecho de paso inocente, al espacio aéreo sobre el mar territorial, así como al lecho y al subsuelo de ese mar[4].

Zona Contigua. A este espacio se refieren los artículos 24 de la Convención de Ginebra sobre Mar Territorial y la Zona Contigua de 1958 y 33 de la Convención de Naciones Unidas de Derecho del Mar de Montego Bay, que autoriza a los estados a: a) Prevenir las infracciones de sus leyes y reglamentos aduaneros, fiscales, de inmigración o sanitarios que se cometan en su territorio o en su mar territorial; b) Sancionar las infracciones de esas leyes y reglamentos cometidas en su territorio o en su mar territorial. La legislación nacional se ocupan de la misma en el 7 de la Ley 27/1992, de 24 de noviembre, de Puertos del Estado y la Marina Mercante, definiéndola como la que se extiende desde el límite exterior del mar territorial hasta las veinticuatro millas marinas contadas desde las líneas de base a partir de las cuales se mide la anchura del mar territorial.

La Zona Económica Exclusiva. Conforme al artículo 55 de la Convención de Naciones Unidas de Derecho del Mar:

> 1. En la zona económica exclusiva, el Estado ribereño tiene:
> a) Derechos de soberanía para los fines de exploración y explotación, conservación y administración de los recursos naturales, tanto vivos como no vivos, de las aguas suprayacentes al lecho y del lecho y el subsuelo del mar, y con respecto a otras actividades con miras a la exploración y explotación económicas de la zona, tal como la producción de energía derivada del agua, de las corrientes y de los vientos;

---

[4] Al paso inocente se refiere el artículo 40 del Proyecto de Ley General de la Navegación Martítima, que lo condiciona a que sea rápido y sin interrupción,
sin atentar contra la paz, el orden público o la
seguridad de España.

> b) Jurisdicción, con arreglo a las disposiciones pertinentes de esta Convención, con respecto a:
> i) El establecimiento y la utilización de islas artificiales, instalaciones y estructuras;
> ii) La investigación científica marina;
> iii) La protección y preservación del medio marino;
> c) Otros derechos y deberes previstos en esta Convención.
> 2. En el ejercicio de sus derechos y en el cumplimiento de sus deberes en la zona económica exclusiva en virtud de esta Convención, el Estado ribereño tendrá debidamente en cuenta los derechos y deberes de los demás Estados y actuará de manera compatible con las disposiciones de esta Convención.

Como se ha indicado, La Zona Económica Exclusiva se extiende desde el límite exterior del mar territorial hasta una distancia de doscientas millas marinas contadas a partir de las líneas de base desde las que se mide la anchura del mar territorial.

La Plataforma Continental. Se refiere a la misma el artículo 76 de la Convención de Derecho del Mar de Montego Bay de 1982, indicando que comprende el lecho y el subsuelo de las áreas submarinas que se extienden más allá de su mar territorial y a todo lo largo de la prolongación natural de su territorio hasta el borde exterior del margen continental, o bien hasta una distancia de 200 millas marinas contadas desde las líneas de base a partir de las cuales se mide la anchura del mar territorial, en los casos en que el borde exterior del margen continental no llegue a esa distancia. De acuerdo con el artículo siguiente, el Estado ribereño ejerce derechos de soberanía sobre la plataforma continental a los efectos de su exploración y de la explotación de sus recursos naturales.

Alta Mar. Fuera de estos espacios y de acuerdo con los artículos 86 a 89 de la Convención de Derecho del Mar de 1982 rige el principio de libertad e irreivindicablidad de los mares, de modo que las facultades estatales que se mencionan en los epígrafes siguientes son excepcionales.

Soberanía española sobre vehículos de navegación

El deber de los estados de ejercer la soberanía sobre los buques que enarbolan su pabellón es una consecuencia del artículo 94 del Convenio de Montego Bay.

Buques de Estado. Por buques nacionales hay que entender aquellos que tengan en España su abanderamiento. Asimismo, las normas de policía se aplicarán a los buques extranjeros que no sean de Estado que se encuentren o transiten por las zonas españolas de interés para la navegación, en suma, las establecidas en el artículo 3: las aguas interiores, el mar territorial, la zona contigua y la zona económica exclusiva. Por buque de Estado, el artículo 8 comprende los afectos a la Defensa nacional u otros de titularidad o uso público, siempre que presten servicios públicos de carácter no comercial. A este respecto, el artículo 29 de la Convención de Derecho del Mar entiende por "buques de guerra" todo buque perteneciente a las fuerzas armadas de un Estado que lleve los signos exteriores distintivos de los buques de guerra de su nacionalidad, que se encuentre bajo el mando de un oficial debidamente designado por el gobierno de ese Estado cuyo nombre aparezca en el correspondiente escalafón de oficiales o su equivalente, y cuya dotación esté sometida a la disciplina de las fuerzas armadas regulares. Su régimen es el de inmunidad de jurisdicción, de acuerdo con los artículos 32 y 95 de la convención de Montego Bay. Por otro lado, los buques pertenecientes a un Estado o explotados por él y utilizados únicamente para un servicio oficial no comercial tendrán, cuando estén en la alta mar, completa inmunidad de jurisdicción respecto de cualquier Estado que no sea el de su pabellón (artículo 96 de la Convención de Derecho del Mar).

Buques mercantes. El artículo 27 de la Convención del Derecho del Mar establece el ámbito de actuación sobre buques de pabellón distinto al propio del estado ribereño a través de la siguiente redacción:

> 1. La jurisdicción penal del Estado ribereño no debería ejercerse a bordo de un buque extranjero que pase por el mar territorial para detener a ninguna persona o

realizar ninguna investigación en relación con un delito cometido a bordo de dicho buque durante su paso, salvo en los casos siguientes:
    a) Cuando el delito tenga consecuencias en el Estado ribereño;
    b) Cuando el delito sea de tal naturaleza que pueda perturbar la paz del país o el buen orden en el mar territorial;
    c) Cuando el capitán del buque o un agente diplomático o funcionario consular del Estado del pabellón hayan solicitado la asistencia de las autoridades locales; o d) Cuando tales medidas sean necesarias para la represión del tráfico ilícito de estupefacientes o de sustancias sicotrópicas.

2. Las disposiciones precedentes no afectan al derecho del Estado ribereño a tomar cualesquiera medidas autorizadas por sus leyes para proceder a detenciones e investigaciones a bordo de un buque extranjero que pase por el mar territorial procedente de aguas interiores.

3. En los casos previstos en los párrafos 1 y 2, el Estado ribereño, a solicitud del capitán y antes de tomar cualquier medida, la notificará a un agente diplomático o funcionario consular del Estado del pabellón y facilitará el contacto entre tal agente o funcionario y la tripulación del buque. En caso de urgencia, la notificación podrá hacerse mientras se tomen las medidas.

4. Las autoridades locales deberán tener debidamente en cuenta los intereses de la navegación para decidir si han de proceder a la detención o de qué manera han de llevarla a cabo.

5. Salvo lo dispuesto en la Parte XII o en caso de violación de leyes y reglamentos dictados de conformidad con la Parte V, el Estado ribereño no podrá tomar medida alguna, a bordo de un buque extranjero que pase por su mar territorial, para detener a ninguna persona ni para practicar diligencias con motivo de un delito cometido antes de que el buque haya entrado en su mar territorial, si tal buque procede de un puerto extranjero y se encuentra únicamente de paso por el mar territorial, sin entrar en las aguas interiores.

Para estos supuestos, a) Deberán notificar a un representante diplomático o consular del Estado de pabellón, a ser posible con anterioridad a su realización, del comienzo de cuantas diligencias y actuaciones lleven a cabo para ejercer su jurisdicción penal. Dicha notificación se hará asimismo cuando se inicie la instrucción a petición del capitán del buque. b) Podrán proceder a una instrucción preliminar y a tomar medidas coercitivas en relación con delitos que se hayan cometido a bordo de un buque extranjero, a petición del capitán del buque o de un representante diplomático o consular del Estado del pabellón.

El derecho de persecución. El artículo 111 de la convención del Derecho del Mar regula el derecho de persecución de un buque extranjero cuando las autoridades competentes del Estado ribereño tengan motivos fundados para creer que el buque ha cometido una infracción de las leyes y reglamentos de ese Estado. La persecución habrá de empezar mientras el buque extranjero o una de sus lanchas se encuentre en las aguas interiores, en las aguas archipelágicas, en el mar territorial o en la zona contigua del Estado perseguidor o, en su caso, en la zona económica exclusiva o la plataforma continental respecto de los derechos reconocidos en las mismas, y sólo podrá continuar fuera del mar territorial o de la zona contigua a condición de no haberse interrumpido. No podrá darse comienzo a la persecución mientras no se haya emitido una señal visual o auditiva de detenerse desde una distancia que permita al buque extranjero verla u oírla y sólo podrá ser ejercido por buques de guerra o aeronaves militares, o por otros buques o aeronaves que lleven signos claros y sean identificables como buques o aeronaves al servicio del gobierno y autorizados a tal fin. La persecución cesará en el momento en que el buque perseguido entre en el mar territorial del Estado de su pabellón o en el de un tercer Estado.

La extensión de la jurisdicción española en función de las materias.

El artículo 23.4 de la Ley Orgánica del Poder Judicial, tras la Ley Orgánica 13/2007, de 29 de noviembre, establece la competencia internacional de los órganos jurisdiccionales españoles para conocer de los hechos cometidos por españoles o extranjeros fuera del territorio nacional susceptibles de tipificarse, según la Ley española, como alguno de los siguientes delitos: a) Genocidio y lesa humanidad; b) Terrorismo c) Piratería y apoderamiento ilícito de aeronaves d) Delitos relativos a la prostitución y corrupción de menores e incapaces; e) Tráfico ilegal de drogas psicotrópicas, tóxicas y estupefacientes; f) Tráfico ilegal o inmigración clandestina de personas, sean o no trabajadores; g) Los relativos a la mutilación genital femenina, siempre que los responsables se encuentren en España; h) Cualquier otro que, según los tratados y convenios internacionales, en particular los Convenios de derecho internacional humanitario y de protección de los derechos humanos, deba ser perseguido en España. Sin perjuicio de lo que pudieran disponer los tratados y convenios internacionales suscritos por España, para que puedan conocer los Tribunales españoles de los anteriores delitos deberá quedar acreditado que sus presuntos responsables se encuentran en España o que existen víctimas de nacionalidad española, o constatarse algún vínculo de conexión relevante con España y, en todo caso, que en otro país competente o en el seno de un Tribunal internacional no se ha iniciado procedimiento que suponga una investigación y una persecución efectiva, en su caso, de tales hechos punibles. El proceso penal iniciado ante la jurisdicción española se sobreseerá provisionalmente cuando quede constancia del comienzo de otro proceso sobre los hechos denunciados en el país o por el Tribunal a los que se refiere el párrafo anterior. De todos estos supuestos, vamos a centrar la atención en la piratería, el tráfico de drogas y la inmigración clandestina y a los mismos incorporaremos los delitos medioambientales y la protección de los pecios históricos españoles.

Piratería. El deber de perseguir la piratería por mar en virtud del artículo 100 de la Convención de Derecho del Mar. Sorprendentemente, la legislación orgánica española otorgaba la competencia jurisdiccional para perseguir la piratería pero su normativa penal de 1995 omitía de forma específica su castigo, acaso en el pensamiento de que los piratas tan solo habitan lujosos vestidos en las películas de época. Esta omisión se ha corregido mediante la Ley Orgánica 5/2010, de 22 de junio, de reforma del Código Penal. Y no deja de ser sorprendente cuando la obligación de su punición se encuentra asumida en el Convenio para la represión del apoderamiento ilícito de aeronaves de La Haya de 1970, la Convención internacional contra la toma de rehenes de 1979, el Convenio para la represión de actos ilícitos contra la seguridad de la navegación marítima de 1988 y el Protocolo de 2005 del Convenio para la represión de actos ilícitos contra la seguridad de la navegación marítima. Los acontecimientos del Océano Índico han devuelto la punición expresa de estas conductas. El artículo 101 de la Convención de Montego Bay establece los siguientes supuestos de piratería:

> a) Todo acto ilegal de violencia o de detención o todo acto de depredación cometidos con un propósito personal por la tripulación o los pasajeros de un buque privado o de una aeronave privada y dirigidos:
> > i) Contra un buque o una aeronave en la alta mar o contra personas o bienes a bordo de ellos;
> >
> > ii) Contra un buque o una aeronave, personas o bienes que se encuentren en un lugar no sometido a la jurisdicción de ningún Estado;
>
> b) Todo acto de participación voluntaria en la utilización de un buque o de una aeronave, cuando el que lo realice tenga conocimiento de hechos que den a dicho buque o aeronave el carácter de buque o aeronave pirata;
>
> c) Todo acto que tenga por objeto incitar a los actos definidos en el apartado a) o en el apartado b) o facilitarlos intencionalmente.

La consecuencia prevista es la posibilidad para cualquier estado de apresar, en la alta mar o en cualquier lugar no sometido a la jurisdicción de ningún Estado, un buque o aeronave pirata o un buque o aeronave capturado como consecuencia de actos de piratería que esté en poder de piratas, y detener a las personas e incautarse de los bienes que se encuentren a bordo. Los tribunales del Estado que haya efectuado el apresamiento podrán decidir las penas que deban imponerse y las medidas que deban tomarse respecto de los buques, las aeronaves o los bienes, sin perjuicio de los terceros de buena fe. La situación del Índico ha dado ocasión a las Resoluciones 1814 (2008), 1816 (2008), 1838 (2008) y 1851 (2008), todas del Consejo de Seguridad de la Organización de Naciones Unidas. De una manera más precisa, la Unión

Europea adoptó las Acciones Comunes 2008/851/PESC, 2008/918/PESC y 2009/29/PESC, dirigidas a desplegar una fuerza militar de disuasión de la piratería. La captura de determinadas personas ha dado ocasión a que se realicen determinados acuerdos externos de la Unión Europea con terceros estados para que estos asuman la jurisdicción para el enjuiciamiento de las personas capturadas[5].

Tráfico ilícito de estupefacientes y sustancias psicotrópicas. Por su parte, el artículo 101 de la Convención de Derecho del Mar, obliga a todos los Estados a cooperar para reprimir el tráfico ilícito de estupefacientes y sustancias sicotrópicas realizado por buques en la alta mar en violación de las convenciones internacionales. Añade que todo Estado que tenga motivos razonables para creer que un buque que enarbola su pabellón se dedica al tráfico ilícito de estupefacientes o sustancias sicotrópicas podrá solicitar la cooperación de otros Estados para poner fin a tal tráfico. El mismo principio se establece en el artículo 17.1 de la Convención de Viena de las Naciones Unidas contra el Tráfico Ilícito de Estupefacientes y Sustancias Psicotrópicas de 1988, cuyo apartado tercero indica que para los casos de motivos razonables para sospechar que una nave que esté haciendo uso de la libertad de navegación con arreglo al derecho internacional y que enarbole el pabellón o lleve matrícula de otro estado, está siendo utilizada para el tráfico ilícito, podrá notificarlo al estado del pabellón y pedir que confirme la matrícula; si la confirma, podrá solicitarle autorización para adoptar las medidas adecuadas con respecto a esa nave. Dentro de la jurisprudencia, se han referido al apresamiento en Alta Mar en buque de bandera extranjera las sentencias del Tribunal Supremo (Sala Segunda) de 19 de septiembre de 2005 (Maza), 16 de febrero de 2006 (Puerta), 9 de marzo de 2007 (Monterde), 28 de enero de 2009 (Monterde), 16 de junio de 2009 (Monterde).

Inmigración clandestina. El artículo 99 de la Convención de Derecho del Mar establece la obligación para los estados de tomar medidas eficaces para impedir y castigar el transporte de esclavos en buques autorizados para enarbolar su pabellón y para impedir que con ese propósito se use ilegalmente su pabellón. Esta misma prohibición se establece en el Protocolo contra el tráfico ilícito de migrantes por tierra, mar y aire, que complementa la Convención de las Naciones Unidas contra la Delincuencia Organizada Transnacional, que establece en su artículo 8 las medidas contra el tráfico ilícito de migrantes por mar. Dentro de nuestra jurisprudencia, han tratado de intervenciones en buques sin bandera en alta mar las sentencias del Tribunal Supremo de 21 de marzo de 2007 (Saavedra), 15 y 25 de junio de 2007, 3 de enero de 2008 (Varela) y 29 de diciembre de 2008 (Delgado).

Actuación de los tribunales estatales. El caso de España. Para los supuestos precedentes, la Convención de Derecho del Mar establece el llamado derecho de visita respecto del que el artículo 110 establece que los buques de guerra de un estado podrán ejercerlo en los casos de sospecha, pudiendo enviar una lancha, al mando de un oficial, al buque sospechoso. Si aún después de examinar los documentos persisten las sospechas, podrá proseguir el examen a bordo del buque, que deberá llevarse a efecto con todas las consideraciones posibles. En el supuesto de sospecha de tráfico de drogas, el artículo 17.4 de la Convención de Viena de las Naciones Unidas contra el Tráfico Ilícito de Estupefacientes y Sustancias Psicotrópicas de 1988, el Estado del pabellón podrá autorizar al Estado requirente, entre otras cosas, a abordar la nave, inspeccionarla o, si se descubren pruebas de implicación en el tráfico ilícito, adoptar medidas adecuadas con respecto a la nave, a las personas y a la carga que se encuentren a bordo. Esta actuación estatal ha sido tratada por parte de la jurisprudencia nacional e internacional. Ante el Tribunal Europeo de Derechos Humanos, se ha planteado si la actuación estatal es contraria al artículo 1 del Convenio de Roma de 1950, por generarse un vacío de garantías en los espacios jurisdiccionales de los Estados parte, pudiendo mencionarse las

---

[5] Se trata de la Decisión 2009/293/PESC del Consejo, de 26 de febrero de 2009, relativa al Canje de Notas entre la Unión Europea y Kenia sobre las condiciones y modalidades de entrega de personas sospechosas de haber cometido actos de piratería, y detenidas por la fuerza naval EUNAVFOR dirigida por la Unión Europea, así como de las propiedades incautadas en posesión de EUNAVFOR, de EUNAVFOR a Kenia y con vistas a su trato después de la entrega, y la Decisión 2009/877/PESC del Consejo, de 23 de octubre de 2009, relativa a la firma y aplicación provisional del Canje de Notas entre la Unión Europea y la República de Seychelles sobre las condiciones y modalidades de entrega de sospechosos de piratería y robo a mano armada por EUNAVFOR a la República de Seychelles y de su trato después de dicha entrega.

sentencias recaídas en el asunto *Drozd y Janousek c. Francia y España*, de 26 de junio de 1992, el *asunto Loizidou c. Turquía*, de 23 de marzo de 1995) y la más reciente, el asunto *Medvedyev y otros contra Francia*, de 29 de marzo de 2010.

> 64. De acuerdo con la noción esencialmente territorial de la jurisdicción, la Corte ha aceptado sólo en circunstancias excepcionales los actos de los Estados contratantes a cabo o que produzcan efectos fuera de su territorio puede constituir el ejercicio por éstos de su jurisdicción en el sentido del artículo 1 de la Convención (Banković, e Ilaşcu y autres c. Moldavia y Rusia) Así, en su primera Loizidou (excepciones preliminares), el Tribunal de Justicia declaró que, habida cuenta del objeto y propósito de la Convención, una Parte Contratante podría incurrir en responsabilidad cuando, como resultado de una acción militar – legal o no - que ejerce el control efectivo sobre una zona fuera de su territorio nacional (Loizidou contra Turquía (Excepciones Preliminares) [Gran Sala], 23 de marzo de 1995, § 62, Serie A N º 310), pero esto es posible en su caso, como en Bankovic, un acto extraterritorial instantáneo, el texto de un artículo no puede limitarse a una concepción causal del término "competencia" (supra, § 75) (...).
> 81. Por último, la Gran Sala está de acuerdo con las opiniones del Gobierno y de la cámara, que debemos tener en cuenta que las medidas adoptadas por las autoridades francesas contra el *Winner* y su tripulación fueron parte de la participación de Francia en la lucha contra el tráfico internacional de drogas. Como ha declarado en repetidas ocasiones, habida cuenta de los estragos de las drogas, que conduce en particular a las autoridades de los Estados partes a mostrar una gran firmeza contra aquellos que contribuyan a la propagación de este flagelo, y es plenamente consciente de la necesidad de luchar contra el narcotráfico y, en consecuencia, para garantizar el éxito de la cooperación de los Estados en la materia. Sin embargo, la especificidad del contexto marítimo, invocado por el Gobierno en este caso no da lugar a la consagración de un espacio de ilegalidad en que los equipos estaban fuera de cualquier sistema jurídico podría darles el disfrute de los derechos y garantías previstos por la Convención y que los Estados se han comprometido a ofrecer a las personas bajo su jurisdicción, esto no debe ser proporcionada para establecer un "refugio seguro" para los delincuentes.

Sentadas estas premisas, el Tribunal desestima que exista infracción al entender que no existe un vacío de garantías al haberse actuado con control jurisdiccional y con aplicación de las garantías otorgadas por la jurisdicción actuante, en este caso Francia. Por otro lado, el tribual abordó ciertos aspectos prácticos que implicaron la violación de estos derechos. Por un lado el hecho de que el estado del pabellón, en este caso Camboya, no era parte de la Convención de Montego Bay, la ausencia de algunos de los requisitos de los artículos 108 y 110 de su texto y, fundamentalmente, la existencia de un tiempo de privación de libertad de la tripulación desde el lugar de su captura hasta su llegada al puerto de Brest. Por consiguiente, considera la detención contraria al derecho a la libertad y a la seguridad jurídica en la detención del artículo 5.1 del Convenio de Roma de 1950. Sin embargo, desestimó que existiera violación del artículo 5.3 del mismo texto, por haber sido entregados a la autoridad judicial tras una travesía de trece días y tres días más privados de libertad en Francia por considerar que existen circunstancias excepcionales que justifican esta demora.

El Tribunal Constitucional se refirió a la materia en la sentencia 21/1997, de 10 de febrero (González Campos) en su fundamento Jurídico Tercero:

> 3. Respecto a la eventual lesión del art. 17.1 C.E., (...). Precepto del que se desprende, "tan clara como indeclinablemente, que los supuestos de privación de libertad han de ser acordados por quienes deban hacerlo de acuerdo a las atribuciones competenciales que contenga la Ley en la forma que ésta determina" (STC 3/1992, fundamento jurídico 5.). a) El abordaje y registro del buque (...) fue autorizado por el Juzgado Central de Instrucción (...) donde tras indicarse que dicho buque se utilizaba para el tráfico de cocaína y a bordo del mismo se hallaban dos nacionales españoles, hacía referencia tanto a lo

dispuesto en el art. 18.2 C.E. y el art. 561 L.E.Crim. como a la necesidad de recabar la previa autorización por parte del Estado cuyo pabellón enarbolaba dicho buque. Expresando también esta resolución judicial que (...) se encontraba "en aguas internacionales del Océano Atlántico" y allí, por tanto, habría de llevarse a cabo su abordaje y registro, así como, en su caso, la detención de los participantes en el tráfico ilícito de estupefacientes. La situación del buque, sin embargo, no afecta a la validez de la medida adoptada por el órgano jurisdiccional ni a la de su ejecución por el buque del Servicio de Vigilancia Aduanera el 23 de enero de 1995. Ha de tenerse presente, en efecto, que al establecer la extensión y límites de la jurisdicción de los Juzgados y Tribunales españoles, el art. 23.4 de la Ley Orgánica 6/1985, de 1 de julio, del Poder Judicial, atribuye el conocimiento por nuestros órganos judiciales de los hechos cometidos por españoles y extranjeros fuera del territorio nacional cuando los mismos sean susceptibles de tipificación como delitos, según la Ley penal española, en ciertos supuestos, entre ellos el del apartado f), relativo al "Tráfico ilegal de drogas psicotrópicas, tóxicas y estupefacientes". Lo que entraña, pues, que el legislador ha atribuido un alcance universal a la jurisdicción española para conocer de estos concretos delitos, en correspondencia tanto con su gravedad como con su proyección internacional. b) De otra parte, la ejecución de la medida en un buque mercante extranjero que navegaba en la alta mar por las autoridades españolas puede ser contraria a una norma de Derecho internacional generalmente reconocida y aplicada en la práctica de los Estados: la que establece la competencia exclusiva del Estado del pabellón sobre el buque que se encuentra en ese espacio marítimo, salvo en los supuestos excepcionales de piratería o trata de esclavos (art. 22 del Convenio de Ginebra de 1958 sobre el alta mar). Lo que exige que cualquier excepción a dicha norma ha de tener un fundamento jurídico, que en el presente caso se encuentra en el art. 17, apartados 3 y 4, en relación con el art. 4, apartados 1 y 3, del Convenio de las Naciones Unidas contra el tráfico ilícito de estupefacientes y sustancias psicotrópicas, hecho en Viena el 20 de diciembre de 1988. Acuerdo internacional en el que tanto España como la República de Panamá eran Estados partes -al haberlo ratificado, respectivamente, el 30 de julio de 1990 y el 13 de enero de 1994 ("Boletín Oficial del Estado" del 10 de noviembre de 1990 y del 25 de enero de 1996)- y había entrado en vigor entre ambos Estados al ocurrir los hechos aquí considerados, de conformidad con lo dispuesto en su art. 29. En efecto, el art. 17, apartados 3 y 4, del Convenio de Viena de 1988 requiere la previa autorización del Estado del pabellón para que otro Estado adopte en la alta mar las medidas adecuadas en relación con un buque utilizado para el tráfico de estupefacientes o sustancias psicotrópicas, entre ellas las de abordar la nave e inspeccionarla y, si se descubren pruebas de implicación en el tráfico ilícito, adoptar medidas adecuadas respecto al buque, a las personas y la carga que se encuentren a bordo. Normativa a la que se ajusta tanto la medida adoptada por el Juzgado Central de Instrucción núm. 1 como su ejecución (...). Por lo que no cabe estimar, en suma, que la privación de libertad que ha sufrido el recurrente tras ser detenido el 23 de enero de 1995 haya lesionado el derecho que el art. 17.1 C.E. garantiza, dado que se encuentra legalmente prevista para ese tipo de delitos y en cuanto a la forma de practicarla se ha ajustado a normas internacionales que forman parte de nuestro ordenamiento (art. 96.1 C.E. y art. 1.5 del Código Civil).

De la variada jurisprudencia del Tribunal Supremo podemos deducir las notas siguientes:

1 La aplicación de las autorizaciones exigidas en el marco convencional internacional a favor del estado del pabellón exigen en todo caso que a) se use el pabellón de un solo estado; b) exista un vínculo cierto entre el buque y este estado (sentencia de 16 de febrero de 2006), y c) que el pabellón exista realmente (21 de marzo de 2007, 3 de enero de 2008 y 29 de diciembre de 2008). En relación con esta conexión real, la sentencia de 16 de febrero de 2006 concluye así:

a) "la jurisdicción del pabellón del buque no constituye un principio de valor universal como la parte recurrente pretende", debiendo, por tanto, tenerse en cuenta a estos efectos: 1/ lo establecido en el art. 91.1 de la Convención de las Naciones Unidas sobre el Derecho del Mar, hecho en Montego Bay el 10 de diciembre de 1982 , que -como hemos visto- proclama que, para reconocer la nacionalidad de los buques, es preciso que exista "una relación auténtica entre el Estado y el buque", lo que, por las razones allí expuestas, no concurre en el presente caso, donde nos hallamos ante un pabellón de conveniencia, elegido con ánimo de fraude, con independencia, todo ello, de lo establecido también en los artículos 97.1 y 108.1 de la citada Convención recogidos igualmente en el Fundamento precedente; 2/ lo establecido en los apartados 2, iv), 3 y 4 del art. 36 de la Convención Única de 1961, sobre Estupefacientes , en los que se expresa, entre otros particulares, la necesidad de respetar el Derecho de la Parte interesada en materia de jurisdicción; 3/ lo dispuesto en el art. 4.1 de la Convención de las Naciones Unidas, de 20 de diciembre de 1988, contra el tráfico ilícito de estupefacientes y sustancias sicotrópicas, en cuanto viene a reconocer el ejercicio de las competencias penales establecidas por las Partes "de conformidad con su derecho interno", lo que debe tenerse en cuenta al examinar el posible alcance de lo dispuesto en el art. 23.4 de la LOPJ ; 4/ que las normas de los tratados internaciones cuya infracción aquí se denuncia afectan directamente a los Estados que los han suscrito, pero, en modo alguno, a los derechos fundamentales de los justiciables; y 5/ que, en el presente caso, tanto por razón de las personas - dada la nacionalidad de los integrantes del grupo de los compradores de la droga de autos-, como por razón de las actividades delictivas desarrolladas en España -la celebración de importantes reuniones de los implicados, la dirección de parte de las operaciones marítimas desde uno de los domicilios de éstos, y el hallazgo en ellos de importantes efectos e instrumentos del delito-, sin desconocer que el destino de la droga era igualmente España-; constituyen un conjunto de fundadas razones que privan de todo fundamento a la denuncia formulada en este motivo que, por ende, debe ser desestimado.

2 La existencia de autorización del estado del pabellón tiene las siguientes implicaciones: a) la autorización por parte del estado del pabellón queda válidamente realizada cuando se produce de manera verbal ante un tercer estado que coopera con la autoridad española (Tribunal Supremo de 19 de septiembre de 2005 (Maza)); b) La concurrencia con la jurisdicción del estado del pabellón no excluye ni limita la española, máxime cuando se ha desestimado un proceso de cesión de jurisdicción a favor del estado de pabellón del buque (sentencia de 16 de febrero de 2006 (Puerta)); c) en los casos en que la autorización para abordar otorgada por el estado del pabellón se produzca bajo condición de reserva de jurisdicción, el incumplimiento de esta no invalida la actuación judicial española (sentencia de 9 de marzo de 2007 (Monterde).
3 En todo caso, las normas internacionales, en materia relativa a la jurisdicción para conocer de determinados hechos delictivos, afectan a las obligaciones entre Estados, pero no a ningún derecho fundamental de los justiciables, sin perjuicio de la responsabilidad que asuma España con otros estados (sentencias de 25 de noviembre de 2003, 16 de febrero de 2006, 9 de marzo de 2007, 3 de enero de 2008 y 29 de diciembre de 2008).

La protección del medio ambiente. Por otro lado queda tratar aquellos supuestos con regímenes penales no expresamente recogidos por el régimen general del derecho del mar. El primero es el medio ambiente, en cuanto puede afectar desde espacios transfronterizos a los territorios mismos de los estados, pasando por los intereses protegidos en las zonas estatales de interés para la navegación, dando lugar a la aplicación del artículo 325 del Código Penal. Sin ánimo de abundar en una matera especialmente compleja, indicar que nos encontramos con supuestos en que existe un importante vacío internacional. En el marco comunitario, el primer paso procede la Decisión marco 2005/667/JAI del Consejo, de 12 de julio de 2005, destinada a reforzar el marco penal para la represión de la contaminación procedente de buques, anulada por la sentencia del Tribunal de Justicia de la Unión Europea de 23 de octubre de 2007, y que dio ocasión a la Directiva de 21 de octubre de 2009 por la que se modifica la Directiva 2005/35/CE relativa a la contaminación procedente de buques y la introducción de sanciones para las infracciones. De hecho algunos asuntos emblemáticos en la práctica internacional se han manifestado en España, como acaece con los casos de los buques *Mar Egeo* y *Prestige*, perfectamente conocidos. Cabe indicar que las previsiones establecidas en los artículos 192 y siguientes de la convención de Derecho del Mar no permiten la resolución de los supuestos de catástrofe, dando entrada a reclamaciones en los tribunales de los estados contra los titulares de los buques o las empresas clasificadoras (en todo caso, no frente a los estados) dirigidas a la reparación de los perjuicios ocasionados, pudiendo indicarse la importancia de los Fondos Internacionales de Indemnización de Daños Debidos a la Contaminación por Hidrocarburos (FIDAC)6.

La protección de los buques históricos españoles. La realización de actividades depredatorias contra buques históricos puede llevar aparejada la imposición de una pena por delito de daños al patrimonio histórico español del artículo 323 del Código Penal cuando se realiza en territorio español. En este punto, la legislación española y la práctica internacional obliga a distinguir en función del régimen del buque, militar o mercante, y en función de su ubicación. De esta manera, cuando el buque se encuentra en el Mar Territorial o en la Zona Contigua, rige el artículo 44 de la Ley 16/1985 del Patrimonio Histórico Español, que considera los bienes culturales de dominio público estableciendo un referente seguido por la legislación de las comunidades autónomas en la materia. Como excepción, y por aplicación de la Convención de la UNESCO sobre la protección del patrimonio cultural subacuático de 2001, los buques de Estado extranjeros no pierden la consideración de dominio público del estado de su pabellón. En todo caso, la realización de actividades sobre los mismos requiere la autorización de la administración española que resulte competente, además de la del estado del pabellón del buque, sea de la condición que sea. En lo demás, la convención establece como principios la necesidad de preservación in situ del pecio, y la proscripción de los bienes procedentes de los mismos.

El régimen de los barcos de Estado españoles fuera de este espacio tiene dos regímenes jurídicos separados. Cuando el buque se encuentra en aguas territoriales de estaos que han ratificado la Convención de la UNESCO sobre la protección del patrimonio cultural subacuático de 2001 se aplica el mismo régimen, esto es, el dominio público estatal y la preceptividad para toda autorización de excavación, prospección o actuación. El este sentido, el artículo 8 de esta convención limita este concepto de buques de Estado entiende por tales los buques de guerra y otros navíos o aeronaves pertenecientes a un Estado o utilizados por él y que, en el momento de su hundimiento, fueran utilizados únicamente para un servicio público no comercial, que sean identificados como tales y que correspondan a la definición de patrimonio cultural subacuático. En los demás casos, y estos es de particular interés en las relaciones con los Estados Unidos de América o el Reino Unido, los buques de Estado Españoles comprenden asimismo aquellos buques mercantes a cuyo mando estuviese un militar español y con funciones total o parcialmente militares, en compatibilidad con las mercantiles. Este es el criterio mantenido por la District Court de los Estados Unidos para Virginia en 1999 y por la Corte de Apleación en 2000 para los casos de los buques Juno y Galga, ambos en aguas de la costa de Virginia, así como recientemente por la Opinión para la District Court de Florida el 3 de junio de 2009 para el asunto de la Mercedes en la Plataforma Continental Portuguesa. En este caso el criterio se basa en la legislación norteamericana de 2001, en concreto la que confiere a los barcos norteamericanos, tumbas en definitiva de soldados, la condición de dominio público salvo el caso de expreso abandono.

C) El principio de jurisdicción universal

---

6 Merece indicar que en esta materia la práctica francesa es más compleja al permitir el castigo en zonas muy extensas de otras conductas como los conocidos *sentinazos*, en aplicación de la Ley 2001-380 de polución naviera y de la 2003-346 de creación de una zona de protección ecológica. Este aspecto ha traído consigo la especialización de algunos tribunales en Brest y Marsella. Asimismo, prevé la medida de inmovilización del buque.

Es preciso referirse a continuación a una tendencia de la cooperación internacional relacionada con la extensión de las jurisdicciones nacionales y su conocimiento de determinadas infracciones particularmente graves que afectan a ciertos intereses mundialmente reconocidos. Esta afectación ha traído consigo tres fenómenos, el primero la cooperación internacional manifestada en convenios que tendrán su espacio en las correspondientes unidades didácticas, el segundo la generación de tribunales internacionales con competencia para juzgar y ejecutar lo juzgado, el tercero, la intervención de la legislación y de los tribunales nacionales de algunos estados para la tipificación y el enjuiciamiento de determinadas infracciones cometidas en el extranjero, caso del Código Penal Internacional Alemán de 2002, la ley belga de 16 de julio de 1993, modificada en febrero de 1999 y abril de 2003, o los códigos penales de Suecia, Dinamarca o Italia, referentes a la aplicación extraterritorial de la jurisdicción en los delitos de genocidio.

En el ámbito de la Unión Europea la Decisión del Consejo 2003/355/JAI, de 8 de mayo de 2003, sobre investigación y enjuiciamiento de delitos de genocidio, crímenes contra la humanidad y crímenes de guerra, ratifica que "es deber de todo Estado ejercer su jurisdicción contra los responsables de tales crímenes internacionales", pero no hace ninguna referencia al ejercicio extraterritorial de la jurisdicción. Tampoco contiene ninguna imposición en este sentido la Decisión del Consejo de 13 de junio de 2002, por la que se crea una red europea de puntos de contacto en relación a personas responsables de genocidio, crímenes contra la humanidad y crímenes de guerra, que también realiza una idéntica ratificación.

De hecho, una parte importante de la doctrina y algunos Tribunales nacionales se han inclinado por reconocer la relevancia que a estos efectos pudiera tener la existencia de una conexión con un interés nacional como elemento legitimador, en el marco del principio de justicia universal, modulando su extensión con arreglo a criterios de racionalidad y con respeto al principio de no intervención. En estos casos podría apreciarse una relevancia mínima del interés nacional cuando el hecho con el que se conecte alcance una significación equivalente a la reconocida a otros hechos que, según la ley interna y los tratados, dan lugar a la aplicación de los demás criterios de atribución extraterritorial de la jurisdicción penal.

En otros casos, este interés se encuentra definido por la propia presencia del inculpado ante los tribunales nacionales correspondientes. En el caso de la ley belga, se establece que el Procurador Federal, único que en adelante podrá instar la acción, no requerirá al Juez de Instrucción para que asuma la causa, si de las circunstancias concretas del caso resulta que en el interés de una buena administración de justicia y en cumplimiento de las obligaciones internacionales de Bélgica, aquella debe ser enjuiciada por las jurisdicciones internacionales o por la jurisdicción donde los hechos han sido cometidos, o por la jurisdicción del Estado de la nacionalidad del autor o del lugar en el que éste pueda ser encontrado y en el que esta jurisdicción sea competente, imparcial y equitativa.

Se une así el interés común por evitar la impunidad de crímenes contra la Humanidad con un interés concreto del Estado en la protección de determinados bienes. Dentro del caso español, son significativas de las dificultades prácticas que este equilibrio lleva aparejado las discrepancias sostenidas por el Tribunal Constitucional en su sentencia 237/2005 y el tribunal Supremo en la sentencia de 20 de junio de 2006.

Cabe concluir añadiendo los Principios de Princeton sobre la jurisdicción universal presentados por las representaciones permanentes de Canadá y los Países Bajos en Naciones Unidas a este organismo en mayo de 2001 recogen unas reglas que en la actualidad carecen de valor normativo.

Sentadas estas premisas, las jurisdicciones de los estados son variables. En el caso de La Ley Orgánica del Poder Judicial, tras la L. O. 1/2014, de 13 de marzo dice así:

> 4. Igualmente, será competente la jurisdicción española para conocer de los hechos cometidos por españoles o extranjeros fuera del territorio nacional susceptibles de tipificarse, según la ley española, como alguno de los siguientes delitos cuando se cumplan las condiciones expresadas:

a) Genocidio, lesa humanidad o contra las personas y bienes protegidos en caso de conflicto armado, siempre que el procedimiento se dirija contra un español o contra un ciudadano extranjero que resida habitualmente en España, o contra un extranjero que se encontrara en España y cuya extradición hubiera sido denegada por las autoridades españolas.
b) Delitos de tortura y contra la integridad moral de los artículos 174 a 177 del Código Penal, cuando:
    1.º el procedimiento se dirija contra un español; o,
    2.º la víctima tuviera nacionalidad española en el momento de comisión de los hechos y la persona a la que se impute la comisión del delito se encuentre en territorio español.
c) Delitos de desaparición forzada incluidos en la Convención internacional para la protección de todas las personas contra las desapariciones forzadas, hecha en Nueva York el 20 de diciembre de 2006, cuando:
    1.º el procedimiento se dirija contra un español; o,
    2.º la víctima tuviera nacionalidad española en el momento de comisión de los hechos y la persona a la que se impute la comisión del delito se encuentre en territorio español.
d) Delitos de piratería, terrorismo, tráfico ilegal de drogas tóxicas, estupefacientes o sustancias psicotrópicas, trata de seres humanos, contra los derechos de los ciudadanos extranjeros y delitos contra la seguridad de la navegación marítima que se cometan en los espacios marinos, en los supuestos previstos en los tratados ratificados por España o en actos normativos de una Organización Internacional de la que España sea parte.
e) Terrorismo, siempre que concurra alguno de los siguientes supuestos:
    1.º el procedimiento se dirija contra un español;
    2.º el procedimiento se dirija contra un extranjero que resida habitualmente en España;
    3.º el delito se haya cometido por cuenta de una persona jurídica con domicilio en España;
    4.º la víctima tuviera nacionalidad española en el momento de comisión de los hechos;
    5.º el delito haya sido cometido para influir o condicionar de un modo ilícito la actuación de cualquier Autoridad española;
    6.º el delito haya sido cometido contra una institución u organismo de la Unión Europea que tenga su sede en España;
    7.º el delito haya sido cometido contra un buque o aeronave con pabellón español; o,
    8.º el delito se haya cometido contra instalaciones oficiales españolas, incluyendo sus embajadas y consulados.
A estos efectos, se entiende por instalación oficial española cualquier instalación permanente o temporal en la que desarrollen sus funciones públicas autoridades o funcionarios públicos españoles.
f) Los delitos contenidos en el Convenio para la represión del apoderamiento ilícito de aeronaves, hecho en La Haya el 16 de diciembre de 1970, siempre que:
    1.º el delito haya sido cometido por un ciudadano español; o,
    2.º el delito se haya cometido contra una aeronave que navegue bajo pabellón español.
g) Los delitos contenidos en el Convenio para la represión de actos ilícitos contra la seguridad de la aviación civil, hecho en Montreal el 23 de septiembre de 1971, y en su Protocolo complementario hecho en Montreal el 24 de febrero de 1988, en los supuestos autorizados por el mismo.
h) Los delitos contenidos en el Convenio sobre la protección física de materiales nucleares hecho en Viena y Nueva York el 3 de marzo de 1980, siempre que el delito se haya cometido por un ciudadano español.
i) Tráfico ilegal de drogas tóxicas, estupefacientes o sustancias psicotrópicas, siempre que:
    1.º el procedimiento se dirija contra un español; o,
    2.º cuando se trate de la realización de actos de ejecución de uno de estos delitos o de constitución de un grupo u organización criminal con miras a su comisión en territorio español.
j) Delitos de constitución, financiación o integración en grupo u organización criminal o delitos cometidos en el seno de los mismos, siempre que se trate de grupos u organizaciones que actúen con miras a la comisión en España de un delito que esté castigado con una pena máxima igual o superior a tres años de prisión.
k) Delitos contra la libertad e indemnidad sexual cometidos sobre víctimas menores de edad, siempre que:
    1.º el procedimiento se dirija contra un español;
    2.º el procedimiento se dirija contra ciudadano extranjero que resida habitualmente en España;
    3.º el procedimiento se dirija contra una persona jurídica, empresa, organización, grupos o cualquier otra clase de entidades o agrupaciones de personas que tengan su sede o domicilio social en España; o,
    4.º el delito se hubiera cometido contra una víctima que, en el momento de comisión de los hechos, tuviera nacionalidad española o residencia habitual en España.
l) Delitos regulados en el Convenio del Consejo de Europa de 11 de mayo de 2011 sobre prevención y lucha contra la violencia contra las mujeres y la violencia doméstica, siempre que:
    1.º el procedimiento se dirija contra un español;
    2.º el procedimiento se dirija contra un extranjero que resida habitualmente en España; o,
    3.º el delito se hubiera cometido contra una víctima que, en el momento de comisión de los hechos, tuviera nacionalidad española o residencia habitual en España, siempre que la persona a la que se impute la comisión del hecho delictivo se encuentre en España.
m) Trata de seres humanos, siempre que:
    1.º el procedimiento se dirija contra un español;
    2.º el procedimiento se dirija contra un ciudadano extranjero que resida habitualmente en España;
    3.º el procedimiento se dirija contra una persona jurídica, empresa, organización, grupos o cualquier otra clase de entidades o agrupaciones de personas que tengan su sede o domicilio social en España; o,
    4.º el delito se hubiera cometido contra una víctima que, en el momento de comisión de los hechos, tuviera nacionalidad española o residencia habitual en España, siempre que la persona a la que se impute la comisión del hecho delictivo se encuentre en España.
n) Delitos de corrupción entre particulares o en las transacciones económicas internacionales, siempre que:

1.º el procedimiento se dirija contra un español;
2.º el procedimiento se dirija contra un ciudadano extranjero que resida habitualmente en España;
3.º el delito hubiera sido cometido por el directivo, administrador, empleado o colaborador de una empresa mercantil, o de una sociedad, asociación, fundación u organización que tenga su sede o domicilio social en España; o,
4.º el delito hubiera sido cometido por una persona jurídica, empresa, organización, grupos o cualquier otra clase de entidades o agrupaciones de personas que tengan su sede o domicilio social en España.

o) Delitos regulados en el Convenio del Consejo de Europa de 28 de octubre de 2011, sobre falsificación de productos médicos y delitos que supongan una amenaza para la salud pública, cuando:
1.º el procedimiento se dirija contra un español;
2.º el procedimiento se dirija contra un extranjero que resida habitualmente en España;
3.º el procedimiento se dirija contra una persona jurídica, empresa, organización, grupos o cualquier otra clase de entidades o agrupaciones de personas que tengan su sede o domicilio social en España;
4.º la víctima tuviera nacionalidad española en el momento de comisión de los hechos; o,
5.º el delito se haya cometido contra una persona que tuviera residencia habitual en España en el momento de comisión de los hechos.

p) Cualquier otro delito cuya persecución se imponga con carácter obligatorio por un Tratado vigente para España o por otros actos normativos de una Organización Internacional de la que España sea miembro, en los supuestos y condiciones que se determine en los mismos.

Asimismo, la jurisdicción española será también competente para conocer de los delitos anteriores cometidos fuera del territorio nacional por ciudadanos extranjeros que se encontraran en España y cuya extradición hubiera sido denegada por las autoridades españolas, siempre que así lo imponga un Tratado vigente para España.

D) Supuestos de cesión de jurisdicción.

Sentada la idea de la ligazón entre ámbito de la jurisdicción y soberanía, las legislaciones de los estados son restrictivas a la hora de ceder la jurisdicción, indicar que el principio de no intervención en asuntos de otros Estados proclamado en el artículo 27 de la Carta de las Naciones Unidas admite limitaciones inobjetables cuando la posibilidad de intervención sea aceptada mediante acuerdos entre Estados o sea decidida por la Comunidad Internacional.

No obstante, algunos instrumentos han establecido matices basados en dos presupuestos, a saber, la existencia de un estado que se encuentra en mejor disposición para enjuiciar un hecho, por un lado, y la confianza mutua en el pronunciamiento de sus resoluciones, por el otro.

Sobre este planteamiento, los instrumentos convencionales publicados hasta la fecha no acostumbran a establecer criterios estrictos de asignación de jurisdicción, al margen de los acuerdos entre los estados ratificantes. Así, el artículo 21 de la Convención de la Organización de las Naciones Unidas contra la criminalidad organizada transnacional autoriza con estas palabras la remisión de actuaciones:

> Los Estados Parte considerarán la posibilidad de remitirse actuaciones penales para el enjuiciamiento por un delito comprendido en la presente Convención cuando se estime que esa remisión obrará en beneficio de la debida administración de justicia, en particular en casos en que intervengan varias jurisdicciones, con miras a concentrar las actuaciones del proceso.

Por su parte, el artículo 8 de la Convención de las Naciones Unidas contra el tráfico ilícito de estupefacientes y sustancias psicotrópicas establece que las partes considerarán la posibilidad de remitirse actuaciones penales para el procesamiento por los delitos tipificados de conformidad con arreglo al convenio, cuando se estime que esa remisión obrará en interés de una correcta administración de justicia. Disposiciones semejantes se encuentra en la Convención contra la corrupción.

Recordar que dentro del ámbito comunitario rige la Decisión marco 2009/948/JAI de 30 de noviembre de 2009 de prevención de conflictos de jurisdicción en procedimientos penales (DO L 328 de 15.12.2009).

2 La corte Penal Internacional

Vinculado con el límite de las jurisdicciones de los estados y el principio de universalidad de la jurisdicción, es oportuno desarrollar las notas características fundamentales de la Corte Penal Internacional.

A) Introducción

La Asamblea General de la Organización de las Naciones Unidas insistió en 1998 en elaborar un estatuto de la Corte Penal Internacional y un código de crímenes contra la paz y la seguridad de la humanidad. Finalmente, la Conferencia de Plenipotenciarios de las Naciones Unidas aprobó en Roma el 17 de julio de 1998 el estatuto de la Corte Penal Internacional. Cuanta como antecedentes más próximos los tribunales especiales creados en los años inmediatamente precedentes para enjuiciar los crímenes cometidos en Ruanda y la antigua Yugoslavia por las Resoluciones 808 (1993) y 955 (1995). Como precedentes más lejanos en los tribunales militares internacionales de Nüremberg y Tokio, creados respectivamente en 1945 y 1946.

Imágenes lamentables del genocidio ruandés de 1994

B) Competencia

El artículo 5 define los crímenes de su competencia, a saber:

a) El delito de genocidio,
b) Los crímenes de lesa humanidad (ataques generalizados, y sistemáticos contra la población civil),
c) Los crímenes de guerra,

d) El crimen de agresión.

A diferencia de los primeros, el crimen de agresión no se haya descrito con exhaustividad, defiriéndose su concreta tipificación para un convenio posterior. El delito de genocidio se define en consonancia con el Convenio de las Naciones Unidas de 9 de diciembre de 1948. Por su parte, el crimen de lesa humanidad comprende el asesinato, el exterminio, la esclavitud, la encarcelación ilegal, la tortura, la violación, la persecución a grupos, las desapariciones forzadas, el *apartheid* y otros actos semejantes. Los crímenes de guerra, por su parte, incluyen infracciones graves de los convenios de Ginebra de 1949, además de otras violaciones graves de leyes y usos aplicables a conflictos armados de carácter internacional. El artículo 8 considera guerra los conflictos armados prolongados entre autoridades gubernamentales y grupos armados organizados o entre tales grupos, excluyéndose otras tensiones de carácter interno.

C) Notas fundamentales de la Corte

A los efectos de ilustrar la exposición, destacamos las notas siguientes:

- **Lengua**. Las lenguas oficiales son árabe, chino, español, francés, inglés y ruso. Los idiomas de trabajo son francés, inglés y los que determinen las Reglas de Procedimiento y Prueba.

- **Sede**. Se encuentra en La Haya. Las penas impuestas pueden cumplirse en los estados que autoricen esta posibilidad en los instrumentos de adhesión.

- **Composición**. Se compone de Presidencia, Secciones y Salas (Apelaciones, Primera Instancia y Cuestiones Preliminares), Fiscalía y Secretaría.

- **Elección de sus miembros**. Magistrados y Fiscal se eligen por la Asamblea de Estados Parte. El Presidente es elegido entre los Magistrados. Las condiciones de acceso son rígidas.

- **Características**. El Tribunal es una instancia judicial independiente, aunque vinculada con las Naciones Unidas, de carácter permanente y alcance potencialmente universal.

- **Fiscal**. Es el *dominus procedendi*, caracterizándose por las notas de independencia, imparcialidad, jerarquía, incompatibilidad, monopolio de la acción penal y posible actuación de acuerdo con el principio de oportunidad.

D) El principio de complementariedad

Uno de sus principios fundamentales es el principio de complementariedad respecto de las jurisdicciones internas. Este principio significa:

- Su jurisdicción es obligatoria en los delitos de su competencia.
- La Corte no sustituirá a las jurisdicciones de los estados y actuará cuando no lo hagan éstas, cuando el estado competente no se encuentre dispuesto a enjuiciar determinados hechos o no pueda hacerlo efectivamente.

Cabe añadir que nos encontramos ante un supuesto de cesión de jurisdicción por parte de los estados ratificantes.

E) Procedimiento

Las fases del procedimiento son las siguientes:

- **Iniciación**. La fase de investigación se atribuye al Fiscal, que puede iniciar el procedimiento de oficio o a instancia de algún Estado Parte o de las Naciones Unidas. Cualquier persona física, organización intergubernamental o no gubernamental puede poner en conocimiento del Fiscal las situaciones que merezcan el inicio del procedimiento.

- **Procedencia de la investigación**. Concluida la investigación, el Fiscal puede no ejercitar la acción penal cuando, considerada la gravedad del crimen y los intereses de las víctimas, estime que ésta no redunda en beneficio de la justicia. Esta decisión puede ser revisada ante la Sala de Cuestiones Preliminares. Si, por el contrario, el Fiscal decide llevar adelante la acción penal, pedirá autorización de dicha Sala.

- **Audiencia previa**. Una vez el imputado sea entregado al tribunal o se haya presentado voluntariamente ante él, la Sala de Cuestiones Preliminares celebrará una audiencia a los efectos de confirmar o modificar los cargos sobre los que el Fiscal pide el procesamiento.

- **Fase de enjuiciamiento**. Fijados los cargos, la Presidencia constituirá una Sala de Primera Instancia, ante la que se celebrará el juicio, conforme a los principios de inmediación, concentración y publicidad.

- **Recursos a las sentencias**. Son posibles los recursos de apelación ante la Sala de Apelaciones y revisión por motivos tasado, en éste último caso ante el descubrimiento de nuevas pruebas.

- **Ejecución de las sentencias**. Las penas privativas de libertad pueden cumplirse en cualquiera de los Estados que manifiesten su disposición a recibir condenados.

3 Determinación del marco convencional aplicable

Hasta ahora nos hemos referido a un presupuesto fundamental para la cooperación judicial internacional. Continuando con la materia, a los efectos de interesar o ejecutar un acto de cooperación judicial internacional, el siguiente paso a realizar es concretar el marco convencional aplicable. En este campo, nos encontramos con tres campos distintos:

a) **Materia**. En primer campo convencional viene determinado por la materia en que consista el hecho investigado o enjuiciado. Así, nos encontramos con convenios multilaterales que se refieren a aspectos tales como drogas, terrorismo, crimen organizado, trata de seres humanos o falsificación de moneda. en este caso, resulta imprescindible insistir en un aspecto esencial cara a la determinación del marco convencional aplicable, cual es acudir al contenido de los mencionados convenios a los efectos de determinar el ámbito de los mismos, normalmente referidos a figuras que son descritas con una mayor o menor precisión.

b) **Convenios multilaterales de carácter general**. Además, de los anteriores, destacar la existencia de convenios de ámbito generalmente regional que establecen mecanismos generales de cooperación judicial. Son los casos de los establecidos en los marcos regionales europeo o americano.

c) **Convenios bilaterales**. Finalmente, los convenios bilaterales habilitan cauces más precisos de cooperación, facilitando o reduciendo requisitos de carácter formal.

No obstante lo anterior, es factible que algunas peticiones carezcan de convenios multilaterales o bilaterales precisos. En estos supuestos, la emisión de una petición de cooperación jurisdiccional es posible, no obstante el estado receptor de la misma no se encuentra internacionalmente vinculado y su cumplimiento dependerá de su propia legislación nacional. En este caso, es frecuente que las legislaciones de los estados acudan a cláusulas que condicionan el cumplimiento de la solicitud atendiendo al principio de reciprocidad, esto es, que es posible que el cumplimiento de peticiones debe acompañarse de una justificación del cumplimiento de peticiones en el sentido contrario u ofreciendo tal cumplimiento en el futuro.

Principales instrumentos multilaterales en el marco de la Organización de Naciones Unidas.

Para finalizar la unidad, es oportuno referirse al ámbito de los convenios multilaterales fundamentales, cuyos contenidos iremos desarrollando en las distintas unidades didácticas. Su comprensión es fundamental, no sólo para comprender el alcance de las diligencias mencionadas en las unidades, sino básicamente atendiendo a su factibilidad. Esto es, los estados parte en las convenciones internacionales sólo estarán obligados a cumplir las solicitudes procedentes de Marruecos tan sólo en el caso de que el acto jurisdiccional solicitado se encuentre específicamente comprendido en el articulado de la convención de que se trate.

Entrando en materia, subrayar que muchos de los convenios multilaterales que implican la adopción de medidas de cooperación jurisdiccional en el orden penal los encontramos en el marco de la Organización de Naciones Unidas. Su contenido se refiere a materias concretas manifestadas a través de la comisión de determinados hechos definidos de una forma más o menos precisa en el articulado. De hecho, los convenios establecen normalmente medidas que tienden a aproximar la legislación penal sustantiva de los estados firmantes. Por nuestra parte, nos centraremos en exclusiva en tratar con un mayor detalle aquellos convenios que ofrecen medidas de cooperación en materia criminal.

A) Convención de las Naciones Unidas contra el tráfico ilícito de estupefacientes y sustancias psicotrópicas.

Aprobada en Viena el 20 de diciembre de 1988 y ratificada por Marruecos el 9 de octubre de 1992, la convención de referencia tiene como fin que los estados puedan hacer frente con mayor eficacia a los diversos aspectos del tráfico ilícito de estupefacientes y sustancias psicotrópicas que tengan una dimensión internacional.

a) Ámbito

El artículo 3 de la convención establece las figuras que los estados deciden castigar como delitos. Son las siguientes:

> La producción, la fabricación, la extracción, la preparación, la oferta, la oferta para la venta, la distribución, la venta, la entrega en cualesquiera condiciones, el corretaje, el envío, el envío en tránsito, el transporte, la importación o la exportación de cualquier estupefaciente o sustancia psicotrópica en contra de lo dispuesto en la Convención de 1961, en la Convención de 1961 en su forma enmendada o en el Convenio de 1971;
>
> El cultivo de la adormidera, el arbusto de coca o la planta de cannabis con objeto de producir estupefacientes en contra de lo dispuesto en la Convención de 1961 y en la Convención de 1961 en su forma enmendada;
>
> La posesión o la adquisición de cualquier estupefaciente o sustancia psicotrópica con objeto de realizar cualquiera de las actividades enumeradas en el precedente apartado a);
>
> La fabricación, el transporte o la distribución de equipos, materiales o de las sustancias enumeradas en el Cuadro I y el Cuadro II, a sabiendas de que van a utilizarse en el cultivo, la producción o la fabricación ilícitos de estupefacientes o sustancias psicotrópicas o para dichos fines;
>
> La organización, la gestión o la financiación de alguno de los delitos enumerados en los precedentes apartados;
>
> La conversión o la transferencia de bienes a sabiendas de que tales bienes proceden de alguno o algunos de los delitos tipificados con anterioridad, o de un acto de participación en tal delito o delitos, con objeto de ocultar o encubrir el origen ilícito de los bienes o de ayudar a cualquier persona que participe en la comisión de tal delito o delitos a eludir las consecuencias jurídicas de sus acciones;
>
> La ocultación o el encubrimiento de la naturaleza, el origen, la ubicación, el destino, el movimiento o la propiedad reales de bienes, o de derechos relativos a tales bienes, a sabiendas de que proceden de alguno o algunos de los delitos tipificados de conformidad en los números precedentes o de un acto de participación en tal delito o delitos.

A reserva de sus principios constitucionales y de los conceptos fundamentales de su ordenamiento jurídico, el propio precepto establece la tipificación de otras conductas tales como la adquisición, la posesión o la utilización de bienes, a sabiendas, en el momento de recibirlos, de que tales bienes proceden de alguno o algunos de los delitos anteriores o de un acto de participación en tal delito o delitos; la posesión de equipos o materiales o sustancias enumeradas en el Cuadro I y el Cuadro II, a sabiendas de que se utilizan o se habrán de utilizar en el cultivo, la producción o la fabricación ilícitos de estupefacientes o sustancias psicotrópicas o para tales fines; instigar o inducir públicamente a otros, por cualquier medio, a cometer alguno de los delitos tipificados de conformidad con el presente artículo o a utilizar ilícitamente estupefacientes o sustancias psicotrópicas; o la participación en la comisión de alguno de los delitos tipificados de conformidad con lo dispuesto en el presente artículo, la asociación y la confabulación para cometerlos, la tentativa de cometerlos, y la asistencia, la incitación, la facilitación o el asesoramiento en relación con su comisión.

b) Medidas concretas de cooperación judicial

Las formas particulares de cooperación judicial establecidas en la Convención son las siguientes:

a) extradición (artículo 6),
b) asistencia judicial recíproca (artículo 7),
c) remisión de actuaciones penales (artículo 8) y
d) entrega vigilada de sustancias (artículo 11).

En concreto, la asistencia recíproca podrá consistir en:

a) Recibir testimonios o tomar declaración a personas;
b) Presentar documentos judiciales;
c) Efectuar inspecciones e incautaciones;
d) Examinar objetos y lugares;
e) Facilitar información y elementos de prueba;
f) Entregar originales o copias autenticas de documentos expedientes relacionados con el caso, inclusive documentación bancaria, financiera, social y comercial;
g) Identificar o detectar el producto, los bienes, los instrumentos u otros elementos con fines probatorios.

A todas estas materias y su alcance nos referiremos en las correspondientes unidades didácticas.

c) Otros convenios sobre tráfico de drogas

En materia de tráfico de drogas y otras sustancias de abuso, Marruecos ha suscrito, además, las siguientes convenciones:

- Convención única sobre las sustancias estupefacientes, de 30 de marzo de 1961, con Protocolo de 25 de marzo de 1972
- Convención internacional sobre el opio, de 23 de enero de 1912
- Convención sobre las sustancias psicotrópicas, de 21 de febrero de 1971

Convención árabe para la lucha contra el comercio de droga y sustancias psicotrópicas, de 5 de enero de 1971

> El estado de ratificación de las anteriores, puede consultarse en:
> http://www.unodc.org/unodc/en/drug_and_crime_conventions.html

B) Convenio Internacional para la represión de la financiación del terrorismo.

Aprobado por Resolución de la Asamblea de las Naciones Unidas 54/109, de 10 de enero de 2000, fue ratificado por Marruecos el 23 de julio de 2002.

a) Ámbito

El ámbito del convenio se circunscribe, como en el caso anterior, a los delitos mencionados en su articulado. De esta manera, comete delito en el sentido del presente Convenio quien por el medio que fuere, directa o indirectamente, ilícita y deliberadamente, provea o recolecte fondos con la intención de que se utilicen, o a sabiendas de que serán utilizados, en todo o en parte, para cometer:

a) Un acto que constituya un delito comprendido en el ámbito de uno de los tratados enumerados en el anexo y tal como esté definido en ese tratado; o
b) Cualquier otro acto destinado a causar la muerte o lesiones corporales graves a un civil o a cualquier otra persona que no participe directamente en las hostilidades en una situación de conflicto armado, cuando, el propósito de dicho acto, por su naturaleza ó contexto, sea intimidar a una población u obligar a un gobierno o a una organización internacional a realizar un acto o a abstenerse de hacerlo.

b) Medidas concretas de cooperación

Las medidas de cooperación establecidas por el Convenio son las siguientes:

a) extradición (artículos 10, 11, 15 y 16) y
b) cooperación judicial (artículo 12).

c) Otros convenios en materia de terrorismo

Además del anterior, en materia de terrorismo, mencionar los siguientes convenios:

a. Convención sobre la prevención y el castigo de delitos contra personas internacionalmente protegidas, inclusive los agentes diplomáticos, de 14 de diciembre 1973
b. Convenio sobre la marcación de explosivos plásticos para los fines de detección, de 1991
c. Convención para la prohibición de la limitación de empleo de ciertas armas clásicas que pueden producir traumatismos excesivos de 1980
d. Convención sobre ofensas y otros actos cometidos a bordo de aeronaves de 1963
e. Convención contra la piratería aérea de 1970
f. Convención sobre ciertos actos ilícitos contra la seguridad de la navegación aérea de 1971
g. Convención de 1988 para la supresión de actos ilícitos en la navegación marítima
h. Convención Árabe para la supresión del terrorismo, de 22 de abril de 1998

C) Convención de la Organización de las Naciones Unidas contra la criminalidad organizada transnacional.

Aprobada por la Asamblea de las Naciones Unidas en su Resolución 55/25 el 15 de noviembre de 2000, ratificada por Marruecos el 19 de septiembre de 2002.

a) Ámbito

En este texto se contienen medidas de cooperación jurisdiccional a los efectos de dar castigo a la comisión de determinadas conductas criminales cuando se cometen por medio de grupos organizados y, además:

a) Se comete en más de un Estado;
b) Se comete dentro de un solo Estado, pero una parte sustancial de su preparación, planificación, dirección o control se realiza en otro Estado;
c) Se comete dentro de un solo Estado, pero entraña la participación de un grupo delictivo organizado que realiza actividades delictivas en más de un Estado; o
d) Se comete en un solo Estado, pero tiene efectos sustanciales en otro Estado.

Las formas delictivas comprendidas en el ámbito de este convenio son:

a) Formar parte de un grupo organizado delictivo.

De acuerdo con el artículo 5, esta conducta consiste en:

- El acuerdo con una o más personas de cometer un delito grave con un propósito que guarde relación directa o indirecta con la obtención de un beneficio económico u otro beneficio de orden material y, cuando así lo prescriba el derecho interno, que entrañe un acto perpetrado por uno de los participantes para llevar adelante ese acuerdo o que entrañe la participación de un grupo delictivo organizado;
- La conducta de toda persona que, a sabiendas de la finalidad y actividad delictiva general de un grupo delictivo organizado o de su intención de cometer los delitos en cuestión, participe activamente en:
   a. Actividades ilícitas del grupo delictivo organizado;
   b. Otras actividades del grupo delictivo organizado, a sabiendas de que su participación contribuirá al logro de la finalidad delictiva antes descrita;
- La organización, dirección, ayuda, incitación, facilitación o asesoramiento en aras de la comisión de un delito grave que entrañe la participación de un grupo delictivo organizado.

b) El blanqueo del dinero procedente del delito

De acuerdo con el artículo 6, estas conductas son las siguientes:

- La conversión o la transferencia de bienes, a sabiendas de que esos bienes son producto del delito, con el propósito de ocultar o disimular el origen ilícito de los bienes o ayudar a cualquier persona involucrada en la comisión del delito determinante a eludir las consecuencias jurídicas de sus actos;
- La ocultación o disimulación de la verdadera naturaleza, origen, ubicación, disposición, movimiento o propiedad de bienes o del legítimo derecho a éstos, a sabiendas de que dichos bienes son producto del delito;
- La adquisición, posesión o utilización de bienes, a sabiendas, en el momento de su recepción, de que son producto del delito;
- La participación en la comisión de cualesquiera de los delitos tipificados con arreglo al presente artículo, así como la asociación y la confabulación para cometerlos, el intento de cometerlos, y la ayuda, la incitación, la facilitación y el asesoramiento en aras de su comisión.

c) La corrupción

Por tal, el artículo 8 se refiere a:

- La promesa, el ofrecimiento o la concesión a un funcionario público, directa o indirectamente, de un beneficio indebido que redunde en su propio provecho o en el de otra persona o entidad, con el fin de que dicho funcionario actúe o se abstenga de actuar en el cumplimiento de sus funciones oficiales;
- La solicitud o aceptación por un funcionario público, directa o indirectamente, de un beneficio indebido que redunde en su propio provecho o en el de otra persona o entidad, con el fin de que dicho funcionario actúe o se abstenga de actuar en el cumplimiento de sus funciones oficiales.

d) La obstrucción a la justicia

Por último, el artículo 23 define esta conducta como:

- El uso de fuerza física, amenazas o intimidación, o la promesa, el ofrecimiento o la concesión de un beneficio indebido para inducir a falso testimonio u obstaculizar la prestación de testimonio o la aportación de pruebas en un proceso en relación con la comisión de uno de los delitos comprendidos en la presente Convención;
- El uso de fuerza física, amenazas o intimidación para obstaculizar el cumplimiento de las funciones oficiales de un funcionario de la justicia o de los servicios encargados de hacer cumplir la ley en relación con la comisión de los delitos comprendidos en la presente Convención. Nada de lo previsto en el presente apartado menoscabará el derecho de los Estados Parte a disponer de legislación que proteja a otras categorías de funcionarios públicos.

b) Medidas de cooperación judicial

Por último, las medidas de cooperación comprendidas son las siguientes:

a) la prevención del blanqueo de dinero (artículo 7),
b) la extradición (artículo 16),
c) el traslado de personas para el cumplimiento de una pena privativa de libertad (artículo 17),
d) medidas de cooperación judicial (artículo 18),
e) investigaciones conjuntas (artículo 19),
f) remisión de actuaciones penales (artículo 21) y
g) protección de testigos y víctimas (artículos 24 y 25).

> La lista de estados que han ratificado puede consultarse en: http://www.unodc.org/unodc/en/crime_cicp_signatures_convention.html

En el caso particular de la asistencia judicial, ésta puede consistir en:
a) Recibir testimonios o tomar declaración a personas;
b) Presentar documentos judiciales;
c) Efectuar inspecciones e incautaciones y embargos preventivos;
d) Examinar objetos y lugares;
e) Facilitar información, elementos de prueba y evaluaciones de peritos;
f) Entregar originales o copias certificadas de los documentos y expedientes pertinentes, incluida la documentación pública, bancaria y financiera, así como la documentación social o comercial de sociedades mercantiles;
g) Identificar o localizar el producto del delito, los bienes, los instrumentos u otros elementos con fines probatorios;
h) Facilitar la comparecencia voluntaria de personas en el Estado Parte requirente;
i) Cualquier otro tipo de asistencia autorizada por el derecho interno del Estado Parte requerido.

D) Corrupción

Los artículos 25 a 27 de la Convención contra la Corrupción establecen modalidades análogas de cooperación.

E) Otros convenios

En otras materias que traen consigo medidas de cooperación en materia penal, destacamos los siguientes convenios:

- El Convenio de Ginebra de 20 de abril de 1929, para la Represión de la Falsificación de Moneda.
- El Convenio de 21 de marzo de 1950, para la represión de la trata de personas y de la explotación de la prostitución ajena.

4 Mecanismos institucionales de cooperación

En la actualidad, los mecanismos específicos de cooperación son los siguientes:

a) Los magistrados de enlace.

Surgen tras la Acción Común de 22 de abril de 1996, adoptada por el Consejo en virtud del antiguo artículo K.3 del Tratado de la Unión Europea, para la creación de un marco de intercambio de magistrados de enlace que permita mejorar la cooperación judicial entre los Estados miembros de la Unión Europea (96/277/JAI), con base en la práctica francesa que la precedía en el tiempo.

Conforme a su artículo 1, se crea un marco que permita enviar o intercambiar entre Estados miembros magistrados o funcionarios con especial experiencia en procedimientos de cooperación judicial, denominados «magistrados de enlace», sobre la base de acuerdos bilaterales o multilaterales. El principal objetivo perseguido con la creación de un marco de intercambio de magistrados de enlace es incrementar la rapidez y la eficacia de la cooperación judicial y contribuir al mismo tiempo al intercambio de información sobre los ordenamientos jurídicos y sistemas judiciales de los Estados miembros y su funcionamiento.

Conforme al artículo 3, las funciones de los magistrados de enlace, a concretar en todo caso en el convenio bilateral que se suscriba entre los estados, incluirán normalmente cualquier actividad que contribuya a impulsar y acelerar, sobre todo a través de contactos directos con los servicios competentes y con las autoridades judiciales del Estado de acogida, todo tipo de cooperación judicial en materia penal, y, en su caso, civil.

En la práctica, estos funcionarios, jueces o fiscales en la mayoría de los casos, carecen de potestad jurisdiccional, limitándose sus actuaciones al seguimiento de los concretos actos de cooperación interesados por el estado de origen a los efectos de velar por su correcto y puntual cumplimiento por parte de las autoridades judiciales del estado de destino, pudiendo en algunos casos intervenir en la práctica de concretas diligencias (testifical, etc.). Asimismo, se han mostrado útiles en el seguimiento de los actos de cooperación girados en el sentido contrario al indicado y en la información del sistema jurídico de uno u otro estado a los órganos jurisdiccionales o fiscales que se dispongan a solicitar cooperación en otro estado.

b) La red judicial Europea.

La Acción Común de 29 de junio de 1998, adoptada por el Consejo sobre la base del antiguo artículo K.3 del Tratado de la Unión Europea (98/428/JAI), crea la red judicial europea. Su reulación actual es la Decisión 2008/976/JAI. Tal y como define el artículo 1 de este texto, la Red Judicial Europea consiste en una red de puntos de contacto judiciales entre los Estados miembros.

De conformidad con las normas constitucionales, las tradiciones jurídicas y la estructura interna de cada estado miembro, la red judicial europea estará compuesta por las autoridades centrales responsables de la cooperación judicial internacional, las autoridades judiciales u otras autoridades competentes que tienen responsabilidades específicas en el marco de la cooperación internacional, bien de forma general, bien sobre determinadas formas de delincuencia grave, como la delincuencia organizada, la corrupción, el narcotráfico o el terrorismo.

La red judicial europea funcionará en particular de las tres formas siguientes:

> a) facilitará el establecimiento de contactos adecuados entre los puntos de contacto de los diferentes Estados miembros.
> b) organizará reuniones periódicas de los representantes de los Estados miembros.
> c) proporcionará determinada información básica, de manera permanente y actualizada, en particular por medio de una red de telecomunicaciones adecuada.

Los miembros de la red, los puntos de contacto, deben ponerse a disposición de los diferentes órganos jurisdiccionales y otras autoridades competentes de su país, de los puntos de contacto de los demás países y de las autoridades judiciales locales y otras autoridades competentes de los demás países, con el fin de permitir que éstos establezcan los contactos directos más apropiados. Asimismo, deben facilitar tanto a la red como a los órganos jurisdiccionales la información más útil para el desarrollo correcto de los mecanismos de cooperación. A este respecto, el artículo 8 de la Acción Común establece que los puntos de contacto deberán tener acceso permanente a los cuatro tipos de información siguientes, permanentemente actualizados:

> 1) los datos completos de los puntos de contacto en cada Estado miembro, acompañados, en su caso, de la mención de sus competencias en el ámbito interno;

> 2) una lista simplificada de las autoridades judiciales y un repertorio de las autoridades locales de cada Estado miembro;

> 3) información jurídica y práctica concisa relativa a los sistemas judiciales y procesales de los quince Estados miembros;

> 4) los textos de los instrumentos jurídicos pertinentes y, en lo referente a los convenios en vigor, el texto de las declaraciones y reservas.

A diferencia de los magistrados de enlace, este sistema ofrece las siguientes ventajas:

- Permite obviar la existencia de acuerdos bilaterales entre los diferentes estados. De esta manera, mientras que los magistrados de enlace se muestran útiles al establecerse entre estados con un elevado volumen de actos de cooperación, la red se encuentra en vigor para todos los estados de la Unión Europea.

- Autoriza la designación como puntos de contacto de jueces o fiscales que cuenten con jurisdicción propia, en definitiva, con capacidad para ejecutar directamente cualquier acto de cooperación que les haya sido solicitado.

En la práctica, la Red Judicial Europea ha generado una cultura judicial basada en la cooperación y en el cumplimiento de una serie de reglas de buenas prácticas tendentes a facilitar la comunicación directa, en muchas ocasiones desarrollada con carácter previo a la redacción de la petición formal, y a garantizar el debido, rápido y correcto cumplimiento de las peticiones de cooperación judicial dirigidas entre estados distintos.

En sus reuniones plenarias asisten tres representantes por cada Estado Miembro, siendo posible la presencia del Miembro Nacional en Eurojust. Asimismo, cuenta con un corresponsal nacional elegido de entre sus miembros y a la Red se asocian a la misma.

Fuera del ámbito europeo, cabe mencionar la existencia de otras redes como la Asociación Iberoamericana de Ministerios Públicos e Iber-Red para el ámbito iberoamericano.

c) EUROJUST.

La Decisión del Consejo 2002/187/JAI, de 28 de febrero de 2002, crea EUROJUST para reforzar la lucha contra las formas graves de delincuencia. En concreto, el artículo 4 de este texto ha concebido como tales:

- Los que forman parte de la competencia de EUROPOL.
- De manera concreta, delincuencia informática; fraude y corrupción con afectación a los intereses financieros de la Unión; blanqueo de dinero; delitos contra el medio ambiente; delitos de participación en organizaciones delictivas aludidos en la Acción Común 98/733/JAI.

En relación con ellos, las misiones fundamentales de esta organización son las siguientes:

a) La coordinación de las investigaciones judiciales o fiscales, planificando reuniones y acciones comunes, facilitando incluso sus propios servicios de traducción. De esta manera, el órgano estatal podría ponerse en comunicación con el miembro nacional de EUROJUST, quien se encargaría de coordinar a los restantes miembros nacionales del mismo órgano que resulten afectados.
b) La coordinación entre los órganos jurisdiccionales y fiscales de los diferentes estados miembros, facilitando la ejecución de las solicitudes de cooperación y de extradición, dando mayor eficacia a sus actuaciones.

Para cumplir con ellas, se ha determinado que EUROJUST esté formado por un miembro nacional por cada estado miembro. Cada uno de ellos dispone de unas facultades muy amplias de solicitud, información, consulta y coordinación con las autoridades competentes de cada estado en cumplimiento del artículo 6 de este texto. Asimismo, el colegio de sus miembros se encarga, entre otras tareas, de garantizar la coordinación entre las diferentes autoridades y con EUROPOL. Tanto los miembros nacionales como el colegio tienen competencias en relación con la Red Judicial Europea.

Se ha indicado que, a diferencia de la Red Judicial Europea, caracterizada por el establecimiento de un sistema horizontal de coordinación basado en la generación de un sistema de interlocutores descentralizados, en definitiva, un cauce especializado de transmisión técnica de actos de cooperación, EUROJUST permite una coordinación en línea vertical entre órganos de distintos estados, además de facilitar los contactos con EUROPOL, coordinando actos de investigación en los ámbitos que le son propios. Sin embargo, la creación de este último organismo ha originado ciertos recelos entre los partidarios del funcionamiento de la RJE, dada la aparente duplicidad de funciones, con desplazamiento a favor de EUROJUST de medios materiales, incluida la secretaría.

Para concluir, el artículo III-273 del Proyecto de Constitución para Europa establecía que "la función de EUROJUST es apoyar y reforzar la coordinación y la cooperación entre las autoridades nacionales encargadas de investigar y perseguir la delincuencia grave que afecte a dos o más Estados miembros o que deba perseguirse según criterios comunes, basándose en las operaciones efectuadas y en la información proporcionada por las autoridades de los Estados miembros y por EUROPOL".

De acuerdo con el artículo 85 del Tratado de funcionamiento de la Unión Europea:

1. La función de Eurojust es apoyar y reforzar la coordinación y la cooperación entre las autoridades nacionales encargadas de investigar y perseguir la delincuencia grave que afecte a dos o más Estados miembros o que deba perseguirse según criterios comunes, basándose en las operaciones efectuadas y en la información proporcionada por las autoridades de los Estados miembros y por Europol.
A tal fin, el Parlamento Europeo y el Consejo determinarán, mediante reglamentos adoptados con arreglo al procedimiento legislativo ordinario, la estructura, el funcionamiento, el ámbito de actuación y las competencias de Eurojust. Estas competencias podrán incluir:
   a. el inicio de diligencias de investigación penal, así como la propuesta de incoación de procedimientos penales por las autoridades nacionales competentes, en particular los relativos a infracciones que perjudiquen a los intereses financieros de la Unión;
   b. la coordinación de las investigaciones y los procedimientos mencionados en la letra a);
   c. la intensificación de la cooperación judicial, entre otras cosas mediante la resolución de conflictos de jurisdicción y una estrecha cooperación con la Red Judicial Europea.

En dichos reglamentos se determinará asimismo el procedimiento de participación del Parlamento Europeo y de los Parlamentos nacionales en la evaluación de las actividades de Eurojust.
2. En el contexto de las acciones penales contempladas en el apartado 1, y sin perjuicio del artículo 86, los actos formales de carácter procesal serán llevados a cabo por los funcionarios nacionales competentes.

En la actualidad, la Decisión Marco ha sido modificada por la Decisión 2009/426/JAI. De acuerdo con esta reforma, pueden mencionarse las siguientes notas fundamentales:

- Representación de los Estados Miembros. Cada Estado cuenta con un miembro Nacional, un Adjunto y un asistente, elegidos entre fiscales, jueces o funcionarios policiales. Su plazo de nombramiento es de 4 años renovables. Estos representantes pueden integrar equipos conjuntos de investigación o la Célula de Coordinación de Emergencias, con un sistema de guardia 24/7.
- Miembros Nacionales. Se homogenizan sus poderes, llegando a adquirir poderes ejecutivos en caso de urgencia en la jurisdicción del Estado Miembro que representan.
- Sistema de representación nacional. En cada Estado Miembro existirán corresponsales nacionales, uno de los cuales puede encargarse de materias de terrorismo y otro de comunicación con los miembros de la Red Judicial Europea.
- Terceros estados. Puede existir representación de terceros estados y se encuentra prevista una coordinación con otras redes de asistencia judicial internacional extracomunitarias.
- El Colegio puede dictaminar sin carácter vinculante cuando dos o más jurisdicciones no resuelven conflictos competenciales o cuando se demora reiteradamente la asistencia judicial. Los órganos jurisdiccionales de los Estados Miembros deben en todo caso atender sin demora.

d) La Fiscalía Europea

Con el antecedente en un texto doctrinal, el *Corpus Iuris*, el artículo III-274 del Proyecto de Constitución para Europa preveía la creación de una Fiscalía Europea a partir de EUROJUST para combatir las infracciones que perjudiquen a los intereses financieros de la Unión. La Fiscalía Europea, en su caso en colaboración con EUROPOL, será competente para descubrir a los autores y cómplices de infracciones que perjudiquen a los intereses financieros de la Unión definidos en la ley europea contemplada en el apartado y para incoar un procedimiento penal y solicitar la apertura de juicio contra ellos. Ejercerá ante los órganos jurisdiccionales competentes de los Estados miembros la acción penal relativa a dichas infracciones.

El artículo 86 del Tratado de Funcionamiento de la Unión Europea establece:

> 1. Para combatir las infracciones que perjudiquen a los intereses financieros de la Unión, el Consejo podrá crear, mediante reglamentos adoptados con arreglo a un procedimiento legislativo especial, una Fiscalía Europea a partir de Eurojust. El Consejo se pronunciará por unanimidad, previa aprobación del Parlamento Europeo.
> En caso de falta de unanimidad, un grupo de al menos nueve Estados miembros podrá solicitar que el proyecto de reglamento se remita al Consejo Europeo, en cuyo caso quedará suspendido el procedimiento en el Consejo. Previa deliberación, y en caso de alcanzarse un consenso, el Consejo Europeo, en el plazo de cuatro meses a partir de dicha suspensión, devolverá el proyecto al Consejo para su adopción.
> Si no hay acuerdo dentro de ese mismo plazo, y al menos nueve Estados miembros quieren establecer una cooperación reforzada con arreglo al proyecto de reglamento de que se trate, lo comunicarán al Parlamento Europeo, al Consejo y a la Comisión. En tal caso, la autorización para iniciar la cooperación reforzada a que se refieren el apartado 2 del artículo 20 del Tratado de la Unión Europea y el apartado 1 del artículo 329 del presente Tratado se considerará concedida, y se aplicarán las disposiciones relativas a la cooperación reforzada.
> 2. La Fiscalía Europea, en su caso en colaboración con Europol, será competente para descubrir a los autores y cómplices de infracciones que perjudiquen a los intereses financieros de la Unión definidos en el reglamento contemplado en el apartado 1, y para incoar un procedimiento penal y solicitar la apertura de juicio contra ellos. Ejercerá ante los órganos jurisdiccionales competentes de los Estados miembros la acción penal relativa a dichas infracciones.
> 3. Los reglamentos contemplados en el apartado 1 fijarán el Estatuto de la Fiscalía Europea, las condiciones para el desempeño de sus funciones, las normas de procedimiento aplicables a sus actividades y aquéllas que rijan la admisibilidad de las pruebas, así como las normas aplicables al control jurisdiccional de los actos procesales realizados en el desempeño de sus funciones.
> 4. Simultáneamente o con posterioridad, el Consejo Europeo podrá adoptar una decisión que modifique el apartado 1 con el fin de ampliar las competencias de la Fiscalía Europea a la lucha contra la delincuencia grave que tenga una dimensión transfronteriza, y que modifique en consecuencia el apartado 2 en lo referente a los autores y cómplices de delitos graves que afectan a varios Estados miembros.
> El Consejo Europeo se pronunciará por unanimidad, previa aprobación del Parlamento Europeo y previa consulta a la Comisión.

e) El Papel de OLAF

Creada por Decisión de la Comisión de 28 de abril de 1999, la Oficina Europea contra el fraude ha venido a coordinar la actuación de las jurisdicciones estatales en múltiples ocasiones la cooperación en la lucha contra determinadas formas de delincuencia organizada vinculadas con la defraudación de los presupuestos comunitarios.

Su marco de actuación se encuentra en el Convenio de 26 de julio de 1995 relativo a la protección de los intereses financieros de las Comunidades Europeas (PIF), con sus protocolos de 1996 y 1997, así como la Convención Nápoles II de 23 de enero de 1998 sobre asistencia mutua y a la cooperación entre autoridades aduaneras y el Convenio de 26 de mayo de 1997 de lucha contra la corrupción. De esta manera se completan los aspectos relativos a la cooperación con las jurisdicciones nacionales, la extradición, la evitación del bis in idem y la cooperación con la Comisión y los Estados Miembros. Asimismo, mencionar el Reglamento 1073/1999, cuyo artículo 10 establece la transmisión de sus procedimientos a las autoridades judiciales.

f) Medios telemáticos de apoyo

Por lo que se refiere a los mecanismos específicos de apoyo a los miembros de la Red Judicial Europea, tanto en los puntos de contacto externos como en el caso español los apoyos de las correspondientes redes internas, además de la formación continuada obligatoria, cuentan con el Atlas Judicial Europeo, disponible en la página de la Red Judicial Europea (http://www.ejn-crimjust.eu.int/). Su contenido es el siguiente:

a) El atlas. Consiste en un sistema informático, accesible en sus inicios mediante el empleo de la correspondiente clave y en la actualidad abierto, que permite de una manera rápida conocer el órgano judicial o fiscal al que dirigir de forma precisa las comisiones rogatorias activas. Su conocimiento se produce tras el relleno de diversas preguntas, normalmente referidas al objeto de la diligencia interesada (terrorismo, materias aduaneras, etc, según los diferentes estados) y a la localidad en que deba ejecutarse (pudiendo determinarse por consulta del mapa del estado, por el nombre de la localidad o por el código postal). El resultado es la denominación del órgano jurisdiccional a requerir, incluyendo su dirección postal, teléfono, fax y dirección de correo electrónico.

b) El listado de puntos de contacto internacionales de la Red Judicial Europea en los diferentes estados, incluyendo su teléfono y dirección de correo electrónico, permitiendo de esta manera contactos tanto para perfilar los futuros actos de cooperación, como verificar el cumplimiento de los ya emitidos. En este caso es preciso cumplimentar una clave de usuario y una contraseña.

c) Una comunicación directa con el proyecto SOLÓN, inicialmente ubicado en la página del Consejo General del Poder Judicial, consistente en un glosario jurídico multilingüe de equivalencias. Su acceso es abierto.

d) Las llamadas "fichas belgas", estudios en torno al funcionamiento de determinadas instituciones procesales penales en los diferentes estados. El origen de las mismas procede de las autoridades belgas, lo que explica su denominación. En la actualidad los puntos de contacto de cada estado, se encargan de su actualización. Su utilidad se predica tanto de las comisiones rogatorias activas como de las pasivas, tanto de las que se basan en el convenio de 1959 del Consejo de Europa (y del Acuerdo de aplicación de Schengen) como las del Convenio de 2000. A los efectos de concretar unos ejemplos, en las comisiones rogatorias activas basadas en el convenio de 1959, el órgano requirente podrá conocer la mecánica procesal que experimentará el acto de cooperación en el estado requerido; asimismo, en las comisiones rogatorias pasivas basadas en el convenio de 2000, el órgano requerido podrá conocer de forma sencilla las particularidades del derecho del estado requirente al que deberá dar cumplida aplicación.

e) Una relación de normas internacionales de aplicación en el marco de la Unión Europea.

f) Un sistema automatizado de preparación de comisiones rogatorias (proyecto COMPENDIUM), en la actualidad en fase de pruebas. Su funcionamiento consiste en el rellenado de campos (identificación de la autoridad requirente y requerida, objeto de la diligencia, razones de urgencia, marco convencional aplicable, etc.) de modo que el resultado es una comisión rogatoria que resultará formalizada entre los diferentes estados. No obstante, el vínculo aparente carece en la actualidad de contenido al encontrarse en un desarrollo que es de esperar sea visible lo antes posible. Sistemas alternativos de redacción de comisiones rogatorias los encontramos en los siguientes enlaces:

a. Un modelo orientativo es el empleado en los modelos apreciables en lengua francesa e inglesa en el vínculo siguiente: http://ue.eu.int/uedocs/cms/Upload/FormRequestEN.pdf.
b. Asimismo, una vez que se actualice, encontraremos modelos apara redactar comisiones rogatoria a través del Prontuario (www.prontuario.org).

Una guía para el funcionamiento de la orden europea de detención y entrega.

5 Jurisprudencia comunitaria en derecho penal. *Ne bis in idem*, estatuto de la víctima, medio ambiente y principio de reconocimiento mutuo

En los últimos años en la jurisprudencia del Tribunal de Justicia de las Comunidades Europeas se has abierto camino materias que afectan a la aplicación del Derecho Penal. Y no tanto en lo relativo a la responsabilidad de sus funcionarios7 sino de aquellas que se tratan de una manera más particular en el Espacio de Justicia e Interior, que son las que se desgranan a continuación.

Con carácter general, cabe indicar que es un tribunal económico, no penal o civil, y que a pesar de contar con un marcado carácter constitucional debe empero atender a demandas ordinarios de asuntos particulares. Sentada esta premisa, la jurisprudencia en la materia jurisdiccional se ve afectada por la existente en materia de eliminación de formas de discriminación, el respeto a los derechos fundamentales y las exigencias del interés general.

1 El principio *ne bis in idem* en la jurisprudencia comunitaria

El principio *ne bis in idem* se encuentra consagrado en el artículo 54 del Convenio de aplicación del Acuerdo de Schengen, de 14 de junio de 1985, entre los Gobiernos de los Estados de la Unión Económica Benelux, de la República Federal de Alemania y de la República Francesa, relativo a la supresión gradual de los controles en las fronteras comunes, firmado en Schengen el 19 de junio de 1990. De acuerdo con el tenor del artículo 54 de este último, denominado "Aplicación del principio *non bis in idem*":

> Una persona que haya sido juzgada en sentencia firme por una Parte contratante no podrá ser perseguida por los mismos hechos por otra Parte contratante, siempre que, en caso de condena, se haya ejecutado la sanción, se esté ejecutando o no pueda ejecutarse ya según la legislación de la Parte contratante donde haya tenido lugar la condena.

A través de esta fórmula se establecía una base para lo que luego se encuadró en el acuerdo de Tampere, dirigido a la implantación del principio de reconocimiento mutuo de resoluciones judiciales en materia penal y, como consecuencia, la prevención de conflictos jurisdiccionales, aspecto que llegó a tener eco en el Proyecto de Constitución Europea en el art III-171.1b. Muestra de este intento se encuentra en la comunicación de la Comisión al Consejo y al Parlamento europeo COM(2000) 495 final, sobre el principio de reconocimiento mutuo en materia penal, de 26 de julio de 2000, y más específicamente el Libro Verde sobre los conflictos de jurisdicción y el principio *non bis in idem* en los procedimientos penales COM(2005) 696 final, de 23 de diciembre de 2005. A ellas cabe añadir la iniciativa de la República Helénica con vistas a la adopción de una Decisión en el marco del Consejo relativa a la aplicación del principio "ne bis in

---

7 Al respecto, las sentencias del Tribunal de Primera Instancia en los asuntos T-197/00, *Hubert Onidi/Comisión*, de 30 de mayo de 2002, y T-193/04, *Tillack/Comisión*, de 4 de octubre de 2006, y de la Sala Tercera de 8 de julio de 2008.

idem". La presentación del Libro Verde trajo consigo distintas respuestas, entre las que se encuentran las del Ministerio de Justicia y la Fiscalía General del Estado8. La materia ha centrado asimismo la atención de teóricos y prácticos, habiéndose desarrollado distintos eventos que han traído consigo sus correspondientes ediciones impresas9. Por otro lado, el artículo 50 de la Carta de Derechos fundamentales de la Unión Europea 2000/C 364/01 establece lo siguiente:

> Artículo 50 **Derecho a no ser acusado o condenado penalmente dos veces por el mismo delito.** Nadie podrá ser acusado o condenado penalmente por una infracción especto de la cual ya haya sido absuelto o condenado en la Unión mediante sentencia penal firme conforme a la ley.

Como es bien sabido, en nuestro ordenamiento jurídico el Tribunal Constitucional ha deducido la presencia de la imposibilidad de que dos sanciones castiguen unos mismos hechos del artículo 25.1 de la Constitución desde su sentencia 11/1981 y que esta doctrina, en relación con la coexistencia de expedientes administrativos y penales, tras la doctrina de las sentencias 177/1999 y 152/2001 fue final y felizmente conformada por la sentencia 2/3003, dictada por el Pleno, apartándose de la doctrina emanada por las últimas sentencias entendiendo que no cabe hablar de afectación al principio en aquellos casos en que el tribunal del orden jurisdiccional penal realizase una compensación de la sanción impuesta por el penado ante la Administración cuando esta hubiera sido abonada a los efectos de no exacerbar el perjuicio material al sujeto sancionado pues, aunque vigentes formalmente dos sanciones sólo existe impacto material por una de ellas. Esta doctrina ha sido mantenida en sus posteriores sentencias 334/2005 y 48/200710. Como excepción, el principio comentado encuentra su excepción en aquellas relaciones de sujeción especial en las que, el sujeto, además de quebrantar el orden jurídico general previsto por la sanción, conculca los deberes que mantiene con la Administración. Al respecto, pueden citarse las sentencias del Tribunal Constitucional 234/1991 y 335/2005.

Sentadas estas premisas, el Tribunal de Justicia de la Unión Europea ha analizado el principio en diferentes sentencias que han analizado los dos aspectos del enunciado, esto es, la verificación de que los hechos analizados por las distintas jurisdicciones con los mismos (*idem*) y si existe ejecución de una resolución jurisdiccional penal (*bis*) por parte de un estado de la Unión11.

---

8 Las respuestas españolas, públicas y privadas, así como las de otros intérpretes pueden consultarse en la dirección http://ec.europa.eu/justice_home/news/consulting_public/conflicts_jurisdiction/news_contributions_conflicts_jurisdiction_en.htm. Otra interpretación, en I. COLOMER HERNÁNDEZ, "Conflictos de jurisdicción, non bis in idem y litispendencia internacional en la Unión Europea", en ARROYO ZAPATERO, NIETO MARTÍN, *El principio ne bis in idem en el Derecho Penal Europeo e internacional*, Cuenca, 2007.
9 R. A. MORÁN MARTÍNEZ, I. GUAJARDO PÉREZ, *Conflictos de jurisdicción y principio ne bis in idem en el ámbito europeo. Centro de Estudios Jurídicos, Madrid 2006*, Madrid, 2007; L. ARROYO ZAPATERO, A. NIETO MARTÍN, *El principio ne bis in idem en el Derecho Penal Europeo e internacional*, Universidad de Castilla-La Mancha, Cuenca, 2007.
10 La doctrina se ocupó particularmente de esta doctrina constitucional en el período en que el tribunal dio prioridad a las resoluciones administrativas en 1999. Al respecto pueden mencionarse M. CORCOY BIDASOLO, J. I. GALLEGO SOLER, "Infracción administrativa e infracción penal medioambiental: ne bis in idem material y procesal (comentario a la STC 177/1999, de 11 de octubre)", *Actualidad Penal* VIII, 2000; J. V. GIMENO SENDRA, "Los principios de legalidad y "non bis in idem" en la doctrina del Tribunal Constitucional", *La Ley* 3, 2007; J. DE LAMO RUBIO, "Principio *non bis in idem* y principio de buena fe procesal: efectos de la invocación tardía de la vulneración del *ne bis in idem*", *Noticias jurídicas*, www.noticias.juridicas.com, septiembre, 2001; C. LESMES SERRANO, "Las infracciones administrativas y la potestad sancionadora de la administración", en C. LESMES SERRANO, F. ROMÁN GARCÍA, S. MILANS DEL BOSCH Y JORDÁN DE URRÍES, E. ORTEGA MARTÍN, *Derecho penal administrativo (Ordenación del Territorio, Patrimonio histórico y Medio Ambiente)*, Comares, Granada, 1997, pp. 1-21; A. DEL MORAL GARCÍA, "Protección penal del medio ambiente: algunos aspectos procesales", *Derecho del medio ambiente. Cursos del Centro de Estudios de la Administración de Justicia*, 1995; A. DEL MORAL GARCÍA, "Protección penal del medio ambiente y derecho administrativo", *Actualidad Jurídica Aranzadi*, 134, 27 de enero de 1994, pp. 1-4; J. J. PÉREZ DE GREGORIO, "Jurisprudencia penal medioambiental", *La ley*, 3903, 3 de diciembre de 1995, pp. 2-3; M. PÉREZ MANZANO, "Reflexiones sobre el derecho fundamental a no padecer bis in idem al hilo de la STC 2/2003, de 16 de enero", La Ley 3, 2000; A. ROMA, VALDÉS, "Notas en torno a la actual y deficiente regulación de la relación entre Administración y Jurisdicción Penal", *Actualidad Penal* 24, 2002; A. VERCHER NOGUERA, "La incorporación del principio 'el que no corre vuela' en Derecho Constitucional (a propósito de la sentencia 177/1999, de 11 de octubre, del Tribunal Constitucional)", *Revista Derecho y medio ambiente*, pp. 201-216; R. DE VICENTE MARTÍNEZ, "Teoría y práctica o el Dr. Jeckyll y Mr. Hide (a propósito de la sentencia del Tribunal Constitucional 177/1999, de 11 de octubre, sobre el principio *ne bis in idem*)", *Actualidad penal* XXII, 2000.
11 Entre los comentaristas de esta jurisprudencia, mencionar: HANS-JÜRGEN BARTSCH, "*Ne Bis In Idem*. The European Perspective" *International Review of Penal Law* 73, 3002 3-4, "El principio - ne bis in idem - y el Acuerdo de Schengen"; redacción, "Sentencia de 11 de Febrero de 2003", *Noticias de la Unión Europea*, 225, 2003; J. SANTOS VARA, "El alcance

A) Sentencias que analizan la existencia de sentencia penal o *bis*.

Las sentencias dictadas al respecto establecen las siguientes conclusiones:

1. El principio *ne bis in idem* se aplica también a procedimientos de extinción de la acción pública, como los controvertidos en los litigios principales, por los que el ministerio fiscal de un Estado miembro ordena el archivo, sin intervención de un órgano jurisdiccional, de un proceso penal sustanciado en dicho Estado, una vez que el imputado haya cumplido determinadas obligaciones y, en particular, haya abonado determinado importe fijado por el ministerio fiscal (Sentencia dictada en los asuntos acumulados C-187/01 y C-385/01, *Gözütok/Brügge* de 11 de febrero de 2003).

2. El principio *non bis in idem* no se aplica a una decisión de las autoridades judiciales de un Estado miembro de archivar un asunto después de que el ministerio fiscal haya decidido no proseguir la acción penal debido únicamente a que se han iniciado actuaciones penales en otro Estado miembro contra el mismo imputado y por los mismos hechos, sin que exista apreciación alguna en cuanto al fondo (sentencia dictada en el asunto C-469/03 *Miraglia* de 10 de marzo de 2005).

3. El principio *non bis in idem* resulta aplicable a la resolución de un tribunal de un Estado Contratante, dictada tras haberse ejercitado la correspondiente acción penal, en virtud de la cual se absuelve definitivamente a un inculpado por haber prescrito el delito que dio lugar a la incoación de diligencias penales (Sentencia dictada en el asunto C-467/04 *Gasparini* de 28 de septiembre de 2006).

4. El mencionado principio no se aplica a personas distintas de las que han sido juzgadas en sentencia firme por un Estado Contratante (Sentencia dictada en el asunto C-467/04 *Gasparini* de 28 de septiembre de 2006).

5 El principio *non bis in idem* es aplicable a una resolución de las autoridades judiciales de un Estado contratante mediante la cual se absuelve definitivamente a un acusado por falta de pruebas (Sentencia dictada en el asunto 150-05, *Van Straten*, de 28 de septiembre de 2006).

6. El principio *non bis in idem* no es de aplicación a una resolución por la cual una autoridad de un Estado contratante, después de examinar el fondo del asunto de que conoce, ordena, en una fase previa a la inculpación de una persona sospechosa de un delito, el archivo de las diligencias penales, cuando esta resolución de archivo, de acuerdo con el Derecho nacional de ese Estado, no extingue definitivamente la acción pública y no impide por tanto que se emprendan nuevas diligencias penales, por los mismos hechos, en ese Estado (Sentencia dictada en el asunto C-491/07, Turanský, de 22 de diciembre de 2008).

7. El principio *ne bis in idem* se aplica a un proceso penal abierto en un Estado contratante por hechos por los que el acusado ya fue juzgado en sentencia firme en otro Estado contratante, aun cuando en virtud del Derecho del Estado donde fue condenado no haya podido ejecutarse directamente la pena que le fue impuesta debido a particularidades procesales (Sentencia dictada en el asunto 297-07, *Bourquain*, de 11 de diciembre de 2008).

---

del Principio non bis in idem en el marco del Convenio Schengen. Comentario a la sentencia del TJCE de 11 de febrero de 2003, Hüseyin Gözüto y Klaus Brügge", *Revista General del Derecho*, RI §401321; JOHN A. E. VERVAELE, "El principio *ne bis in idem* en europa. El tribunal de justicia y los derechos fundamentales", *Revista General del Derecho*, RI §403165, 5, 2004; JOHN A. E. VERVAELE, "The transnational *ne bis in idem* principle in the EU Mutual recognition and equivalent protection of human rights", *Utrecht Law Review* 1,-2, 2005; FRUCTUOSO JIMENO FERNÁNDEZ, "Algunas reflexiones sobre el principio ne bis in idem y el artículo 54 del Convenio de aplicación de Schengen", *La Ley: Revista jurídica española de doctrina, jurisprudencia y bibliografía*, Nº 3, 2006, 1789-1795; ARIANE WIEDMANN, "The Principle of *ne bis in idem* according to Article 54 of the Convention Implementing the Schengen Agreement: The Beginning of a *Corpus Iuris Criminalis*?", *The European legal forum = Forum iuris communis Europae*, 2007, 5-I, pp. 230-235; D. SARMIENTO, "El principio ne bis in idem en la jurisprudencia del TJCE", en ARROYO ZAPATERO, NIETO MARTÍN, *El principio ne is in idem en el Derecho Penal europeo e internacional*, Cuenca, 2007.

8. A efectos del artículo 54 del Convenio de aplicación del Acuerdo de Schengen, la sanción impuesta por un tribunal de un Estado contratante «se ha ejecutado» o «se está ejecutando» cuando, en aplicación del Derecho de dicho Estado contratante, se haya condenado al inculpado a una pena privativa de libertad cuya ejecución ha sido dejada en suspenso (Sentencia dictada en el asunto 288-05, *Kretzinger*, de 18 de julio de 2007).

9. A efectos del artículo 54 del Convenio de aplicación del Acuerdo de Schengen, no debe considerarse que la sanción impuesta por un tribunal de un Estado contratante «se ha ejecutado» o «se está ejecutando» cuando el inculpado haya permanecido por breve tiempo en detención preventiva y/o en prisión provisional, y cuando, según el Derecho del Estado de condena, el tiempo de tal privación de libertad deba computarse a efectos de la posterior ejecución de la pena privativa de libertad (Sentencia dictada en el asunto 288-05, *Kretzinger*, de 18 de julio de 2007).

10. No puede influir en la interpretación del concepto de «ejecución» el hecho de que un Estado miembro en el que una persona haya sido objeto de una sentencia condenatoria firme en virtud de su Derecho interno pueda emitir una orden de detención europea destinada a hacer que se detenga a la persona en cuestión con el fin de ejecutar dicha sentencia al amparo de la Decisión marco 2002/584/JAI del Consejo, de 13 de junio de 2002, relativa a la orden de detención europea y a los procedimientos de entrega entre Estados miembros(Sentencia dictada en el asunto 288-05, *Kretzinger*, de 18 de julio de 2007).

11. El principio *ne bis in idem* debe aplicarse en un procedimiento penal entablado en un Estado contratante por hechos que ya han dado lugar a la condena del interesado en otro Estado contratante, aun cuando el citado Convenio no estuviera todavía en vigor en este último Estado en el momento en que recayó dicha condena, siempre que estuviera en vigor en los Estados contratantes de que se trata en el momento de apreciar los requisitos de aplicación del principio *ne bis in idem* por la instancia que conoce del segundo procedimiento Sentencia dictada en el asunto 436-04, *Van Esbroeck*, de 9 de marzo de 2006).

B) Sentencias que valoran la identidad de hechos o *idem*.

Por su parte, el Tribunal se ha referido a la identidad fáctica estableciendo las siguientes conclusiones:

1. El criterio pertinente a efectos de la aplicación del citado artículo del CAAS está constituido por el de la identidad de los hechos materiales, entendido como la existencia de un conjunto de hechos indisolublemente ligados entre sí, con independencia de su calificación jurídica o del interés jurídico protegido (Sentencias dictadas en los asuntos 436-04, *Van Esbroeck*, de 9 de marzo de 2006, 150-05, *Van Straten*, de 28 de septiembre de 2006, 288-05, *Kretzinger*, de 18 de julio de 2007, 367-05, *Kraajinenbrink*, de 18 de julio de 2007).

2. Hechos consistentes en recibir mercancía extranjera (tabaco, drogas, dinero o fondos procedentes de delitos) de contrabando en un Estado contratante y en importar y poseer ese mismo objeto en otro Estado contratante, caracterizados por la circunstancia de que el acusado, inculpado en dos Estados contratantes, tenía desde el principio la intención de transportar el tabaco, tras tomar posesión del mismo por primera vez, a un destino final atravesando varios Estados contratantes, constituyen comportamientos que pueden estar incluidos en el concepto de «los mismos hechos» a efectos del citado artículo 54. La apreciación definitiva a este respecto corresponde a los órganos nacionales competentes (Sentencias dictadas en los asuntos 436-04, *Van Esbroeck*, de 9 de marzo de 2006, 288-05, 150-05, Van Straten, de 28 de septiembre de 2006, *Kretzinger*, de 18 de julio de 2007, 367-05, *Kraajinenbrink*, de 18 de julio de 2007).

3. La comercialización de una mercancía en otro Estado miembro, con posterioridad a su importación en el Estado miembro que ha pronunciado la absolución, constituye un comportamiento que puede formar parte de «los mismos hechos» a efectos del citado artículo 54 (Sentencia dictada en el asunto C-467/04, *Gasparini*, de 28 de septiembre de 2006).

En suma, nos encontramos con una jurisprudencia que ha permitido establecer, en opinión de Sarmiento, todo un proyecto de política judicial para el Espacio de Libertad, Seguridad y Justicia, a través de un instrumento de integración negativa en el derecho penal12. Como notas fundamentales de esta jurisprudencia, este mismo autor destaca las siguientes13:

- En primer término, articularse como un derecho fundamental del sujeto en consonancia con las resoluciones del Tribunal Europeo de Derechos Humanos que se mencionan a continuación.
- Su importancia reside en el principio de confianza mutua entre los ordenamientos de los Estados Miembros, en este caso en la manifestación en la cooperación entre autoridades judiciales.
- La interpretación se manifiesta de forma amplia tanto en la configuración de la identidad de hechos (*idem*) como en la valoración de la duplicidad de sanciones (*bis*). Con todo no exime de los riesgos de elección de foros a interés de los operadores intervinientes dada precisamente esta amplitud de conceptos y la ausencia de excepciones en el artículo 54 CAAS a la aplicación de este principio a diferencia de otros instrumentos.

Añadir al respecto que el Tribunal no ha tenido la ocasión de pronunciarse en relación con los supuestos de infracciones administrativas susceptibles de recurso ante la jurisdicción penal, vigente en algunos Estados Miembros y en otros del Consejo de Europa, a los que se refiere la propuesta helénica indicada al comienzo de este epígrafe.

Como se ha anticipado, la doctrina del Tribunal de Justicia de las Comunidades Europeas no es ajena a las resoluciones de otro órgano, el Tribunal Europeo de Derechos Humanos, dictadas en aplicación del artículo 4.1 del Séptimo Protocolo al Convenio del Consejo de Europa en materia de derechos humanos y libertades fundamentales de 1984 cuyo tenor es el siguiente14:

> Nadie podrá ser perseguido o castigado penalmente por los tribunales del mismo Estado en razón de una infracción por la que hubiera sido ya absuelto o condenado por sentencia firme conforme a la ley y al procedimiento penal de ese Estado.

Tal y como queda redactado, la garantía establecida se limita a las infracciones penales dictadas dentro de un mismo estado, por consiguiente, en nada afecta a las actuaciones cometidas en diferentes naciones. Las sentencias dictadas por el Tribunal Europeo de Derechos Humanos resuelven distintas casuísticas y no son siempre claras en cuanto al fundamento de la resolución. Veamos algunos de sus resoluciones más relevantes:

- En el caso de la sentencia *Fischer contra Austria* de 29 de mayo de 2001, una persona es sancionada con una multa por conducir bajo la influencia de bebidas alcohólicas y posteriormente es sancionado por causar un homicidio. El tribunal apreció una identidad de hechos, esto es, no la existencia de un doble enjuiciamiento, sino la de los hechos que dieron ocasión a dos resoluciones. Semejantes fundamentos y conclusiones las encontramos en las sentencias *Sailer contra Austria* de 6 junio de 2002 y *W. F. contra Austria*, de 30 de mayo de 2002
- En el caso *Göktan contra Francia*, de 2 de julio de 2002, un sujeto fue condenado a una pena de prisión sustituida por multa. El impago de la multa dio ocasión al ingreso en prisión. El tribunal no encontró que este hecho implicase una doble sanción por la conducta sentenciada.

Empleando la interpretación del Tribunal Europeo de Derechos Humanos GIMENO concluye que la posición del Tribunal Constitucional debería matizarse regresando a su doctrina anterior a la sentencia 2/2003. El argumento es la penosidad que implica para el ciudadano someterse a dos

---

12 SARMIENTO, 2007, p. 54.
13 Ibidem, pp. 51-58.
14 No es la única norma que regula la materia, frecuentemente incluida en instrumentos que regulan la entrega de sujetos procesales entre estados. Su significación trae causa en concebir esta institución como un derecho fundamental. Al respecto de estas normas, v. BARTSCH, 2002, VAN VERBAELE, 2005.

enjuiciamientos por parte del mismo sujeto15. En contra de este argumento cabe indicar que lo que valora el Tribunal Europeo no es la existencia de una doble sanción sino la identidad de fundamento fáctico en las distintas sanciones aplicadas16. De hecho, la propia corte, en su sentencia *Zolotukhin contra Rusia* de 10 de febrero de 2009 concreta específicamente que la sentencia *Fischer contra Austria* se refiere a la valoración de la identidad de hechos (nº 73). En lo demás, el sometimiento del sujeto a dos expedientes paralelos, uno penal y otro administrativo, cuenta con mecanismos correctores en nuestro sistema (el propio sujeto puede pedir la paralización del expediente administrativo) sin duda muy mejorables17. En todo caso, la sentencia *Zolotukhin contra Rusia* entiende que concurre, además de una identidad de hechos, una duplicidad de sanciones. La sentencia es obvia a la vista de las particularidades del ordenamiento jurídico ruso. En el supuesto en particular se juzgaba una desobediencia y desprecio a agentes de la autoridad que evolucionó como una auténtica bola de nieve. El recurrente fue sancionado por una primera agresión verbal en aplicación de una norma clasificada en el ordenamiento nacional ruso como administrativa a una privación de libertad de quince días. Las restantes y posteriores agresiones verbales se enjuiciaron como delito en aplicación del Código Penal ruso. En el supuesto concreto, la resolución del Tribunal Europeo De Derechos Humanos considera como penales las infracciones administrativas que implican la privación de libertad (números 54-56).

Sentadas estas premisas, la posición del Tribunal Europeo De Derechos Humanos contempla, en el análisis de los mismos hechos o *idem* supuestos de identidad con independencia de su calificación jurídica (*Gradinger v. Austria* de 23 de octubre de 1995), los supuestos de concursos ideales (*Oliveira v. Suiza* de 30 de julio de 1998) y la presencia de elementos esenciales indisolubles (*F. Fischer v. Austria*, de 29 de mayo de 2001, *Manasson v. Suiza*, de 8 de abril de 2003, *Hauser-Sporn v. Austria* de 7 de diciembre de 2006,). La resolución *Zolotukhin v. Rusia* ya mencionada viene a concluir que la identidad fáctica se concreta en la presencia de unos mismos hechos o sustancialmente los mismos (número 82).

Por último, la sentencia Mantello, de 16 de noviembre de 2010 señala que "en circunstancias como las del proceso principal, en el que, en respuesta a una solicitud de información en el sentido del artículo 15, apartado 2, de dicha Decisión marco, formulada por la autoridad judicial de ejecución, la autoridad judicial emisora, de conformidad con su Derecho nacional y respetando las exigencias derivadas del concepto de los «mismos hechos» recogido en ese mismo artículo 3, punto 2, de la Decisión marco, declaró expresamente que la sentencia anterior dictada en su sistema jurisdiccional no era una sentencia firme que contemplara los mismos hechos mencionados en su orden de detención y que, por lo tanto, no impedía la práctica de las diligencias mencionadas en dicha orden de detención, la autoridad judicial de ejecución no tiene razón alguna para aplicar, en relación con tal sentencia, el motivo de no ejecución obligatoria establecido en dicho artículo 3, punto 2".

2 Alcance de la Decisión marco 2001/220/JAI del Consejo, de 15 de marzo de 2001, relativa al estatuto de la víctima en el proceso penal

El Tribunal se ha referido en distintas ocasiones a la mencionada Decisión Marco.

a) Una de las sentencias más relevantes en la materia es la dictada en el asunto C-105-03, *María Pupino*, de 11 de noviembre de 2005. De acuerdo con su resolución, los artículos 2, 3 y 8, apartado 4, de la Decisión marco 2001/220/JAI del Consejo, de 15 de marzo de 2001, relativa al estatuto de la víctima en el proceso penal, deben interpretarse en el sentido de que el órgano jurisdiccional nacional debe poder autorizar que niños de corta edad que, como en el asunto

---

15 GIMENO SENDRA, 2007. En sentido análogo a esta opinión, PÉREZ MANZANO, 2003
16 VAN VERBAELE, 2005, p. 102. Cuestión aparte es si el *idem* se refiere a los aspectos específicamente fácticos o *idem factum* o en función de su alcance o fundamento jurídico o *idem ius*.
17 Me referí a la materia en ROMA, 2002

principal, alegan haber sido víctimas de malos tratos presten declaración según unas formas que garanticen a dichos niños un nivel adecuado de protección, por ejemplo, fuera de la audiencia pública y antes de la celebración de ésta. El órgano jurisdiccional nacional está obligado a tomar en consideración todas las normas del Derecho nacional y a interpretarlas, en todo lo posible, a la luz de la letra y de la finalidad de dicha Decisión marco[18].

b) La sentencia dictada en el asunto C-467-05, *Dell'Orto*, de 28 de junio de 2007, establece que la Decisión marco debe interpretarse en el sentido de que, en un proceso penal y, más específicamente, en un procedimiento de ejecución posterior a una sentencia definitiva de condena, como el del litigio principal, el concepto de «víctima» a efectos de dicha Decisión marco no incluye a las personas jurídicas que hayan sufrido un perjuicio directamente causado por un acto u omisión que infrinja la legislación penal de un Estado miembro.

c) La sentencia dictada en el asunto C-404-07, *Katz*, de 9 de octubre de 2008, resuelve un supuesto derivado del complejo sistema jurídico de Hungría. De acuerdo con la misma, los artículos 2 y 3 de la Decisión marco deben interpretarse en el sentido de que no obligan a un órgano jurisdiccional a autorizar a la víctima de un delito a declarar como testigo en un procedimiento penal con acusación particular sustitutoria como el procedimiento principal. No obstante, si no dispone de esa posibilidad, ha de poder autorizarse a la víctima a realizar una declaración que pueda ser tenida en cuenta como elemento de prueba. Con otras palabras, quien actúa como acusador particular puede comparecer como testigo en el juicio. Por su parte, la sentencia

d) Por otro lado, la sentencia *Eredics*, de 21 de octubre de 2010 se refiere a la posición del as personas jurídicas, resolviendo que: Los artículos 1, letra a), y 10 de la Decisión marco 2001/220/JAI del Consejo, de 15 de marzo de 2001, relativa al estatuto de la víctima en el proceso penal, deben interpretarse en el sentido de que el concepto de "víctima" no incluye a las personas jurídicas a efectos de impulsar la mediación en las causas penales a que se refiere dicho artículo 10, apartado 1. El artículo 10 de la Decisión marco 2001/220 debe interpretarse en el sentido de que no obliga a los Estados miembros a permitir la mediación para todas las infracciones cuya conducta típica, definida por la normativa nacional, coincida en lo esencial con la de las infracciones para las que esta normativa sí prevé expresamente la mediación.

e) La sentencia dictada en el asunto *Gueye/Salmerón* de 15 de septiembre de 2011 da validez a la regulación española en materia de violencia de género que establece la obligatoriedad de alejamiento del condenado respecto de la víctima cuando este no pretende la imposición de la pena y que impide la posibilidad de mediación en esta forma de delincuencia.

f) Se refieren a particularidades internas de los estados las sentencias *X* de 21 de diciembre de 2012 y *Giovanardi y otros* de 12 de julio de 2012.

3 Alcance del Tercer Pilar de la Unión en la armonización de las normas penales en materia de Medio Ambiente.

En dos ocasiones se ha referido el Tribunal de Justicia para excluir la armonización de las normas penales a través de decisiones marco por entender que el instrumento adecuado son

---

[18] Al respecto, M. Muñoz de Morales Romero, "La aplicación del principio de interpretación conforme a las decisiones marco: hacia el efecto directo? Especial referencia al asunto Pupino", en Arroyo Zapatero, Nieto Martín, Muñoz de Morales, *El derecho penal de la Unión Europea. Situación actual y perspectivas de futuro*, Universidad de Castilla-La Mancha, Cuenca, 2007. La interpretación de esta autora, aunque conforme con el resultado de la sentencia, es crítica por el empleo de un hilo argumental que asocia a las decisiones marco el efecto directo horizontal propio de las directivas y expresamente excluido para esta fuente comunitaria propia del Tercer Pilar de la Unión que, en definitiva, puede obligar a los jueces comunitarios a aplicar directamente las decisiones marco en caso de silencio u oscuridad de la ley nacional.

las directivas. Se trata de las sentencias dictadas a instancia de la Comisión frente al Consejo de 13 de septiembre de 2005, que anula la Decisión marco 2003/80/JAI del Consejo, de 27 de enero de 2003, relativa a la protección del medio ambiente a través del Derecho penal y la de 23 de octubre de 2007, que anula la Decisión marco 2005/667/JAI del Consejo, de 12 de julio de 2005, destinada a reforzar el marco penal para la represión de la contaminación procedente de buques[19].

Con posterioridad a la primera se ha elaborado la Directiva 2008/99/CE establecen medidas relacionadas con el Derecho penal para proteger con mayor eficacia el medio ambiente.

Mencionar que la sentencia de 6 de mayo de 2014 anuló la Directiva 2011/82/UE, de intercambio transfronterizo de información sobre infracciones de tráfico en materia de seguridad vial por la vía inadecuada de su tramitación.

4 Sentencias relativas al principio de reconocimiento mutuo de resoluciones. La orden europea de detención y entrega.

De la misma manera, un conjunto de sentencias se han ocupado de la primera manifestación del principio de reconocimiento mutuo señalado con anterioridad. La primera de estas sentencias, dictada en el Asunto 303-05, *Advocaten vor de Vereld*, de 3 de mayo de 2007, es poco expresiva del contenido, limitándose a concluir que el examen de las cuestiones planteadas no ha revelado ningún elemento que pueda afectar a la validez de la Decisión marco 2002/584/JAI del Consejo, de 13 de junio de 2002, relativa a la orden de detención europea y a los procedimientos de entrega entre Estados miembros. En concreto, las cuestiones se centran en dos aspectos. El primero, la aptitud de una decisión marco para regular una materia hasta entonces reservada a los convenios. El segundo, el acomodo al principio de legalidad. En relación con la primera solicitud, el tribunal no encuentra obstáculo alguno para que una decisión marco en el ámbito de las funciones de la unificación legislativa pueda centrarse en la materia (v. números 29 y siguientes). En relación con la segunda, el tribunal, con remisión a la jurisprudencia del Tribunal Europeo de Derechos Humanos, recuerda que el principio de legalidad tiene un fundamento que no se ve alterado por la existencia de una lista de delitos respecto de los cuales no rige el principio de doble incriminación en el artículo 2.2 de la decisión marco y que corresponde a cada Estado Miembro definir con precisión los delitos (números 44-54). Asimismo, que en modo alguno se ve alterado el derecho a la igualdad.

Sin embargo, con posterioridad el Tribunal se ha mostrado más concreto. En la sentencia dictada en el Asunto 66-08, *Kozlowsky*, de 17 de julio de 2008, se ocupó del artículo 4, número 6 de la Decisión Marco. De acuerdo con la dicción de este precepto

> Cuando la orden de detención europea se haya dictado a efectos de ejecución de una pena o de una medida de seguridad privativas de libertad contra una persona buscada que sea nacional o residente del Estado miembro de ejecución o habite en él y éste se comprometa a ejecutar él mismo dicha pena o medida de seguridad de conformidad con su Derecho interno.

En este punto, el Tribunal resuelve que:

---

[19] Al respecto, A. NIETO MARTÍN, "Posibilidades y límites de la armonización del Derecho penal nacional tras Comisión v. Consejo (/comentario a la STJCE, asunto C-173/03, de 13-9-2005), en ARROYO ZAPATERO, NIETO MARTÍN, MUÑOZ DE MORALES, *El derecho penal de la Unión Europea. Situación actual y perspectivas de futuro,* Universidad de Castilla-La Mancha, Cuenca, 2007.

- una persona reclamada es «residente» del Estado miembro de ejecución si ha establecido su residencia real en éste y «habita» en él si, a raíz de una permanencia estable de cierta duración en ese Estado miembro, ha creado vínculos con ese Estado que tengan una fuerza similar a los resultantes de una residencia;
- para determinar si existen entre la persona reclamada y el Estado miembro de ejecución vínculos que permitan considerar que esa persona «habita» en él en el sentido de dicho artículo 4, número 6, corresponde a la autoridad judicial de ejecución efectuar una apreciación global de varios de los elementos objetivos que caracterizan la situación de esa persona, entre los que figuran, en particular, la duración, la naturaleza y las condiciones de permanencia de la persona reclamada, así como los lazos familiares y económicos que mantenga esa persona con el Estado miembro de ejecución.

Por su parte, en el Asunto 388-08, *Leymann/Putsovarov*, de 1 de diciembre de 2008, se refirió a los artículo 27 apartado segundo y tercero y 27.3 de la misma decisión marco. El contenido de los preceptos es el siguiente:

> 27. 2 Excepto en los casos previstos en los apartados 1 y 3, la persona entregada no podrá ser procesada, condenada o privada de libertad por una infracción cometida antes de su entrega distinta de la que hubiere motivado su entrega.
>
> 3. El apartado 2 no se aplicará en los casos siguientes:
>   c. el proceso penal no concluye con la aplicación de una medida restrictiva de la libertad individual de la persona;

Sentado este planteamiento, el tribunal llega a las conclusiones siguientes:

1 Para determinar si la infracción considerada no es una «infracción distinta» de la que hubiera motivado la entrega, en el sentido del artículo 27, apartado 2, de la Decisión marco 2002/584, que exija la incoación del procedimiento de consentimiento previsto en el artículo 27, apartados 3, letra g), y 4, de dicha Decisión marco, debe comprobarse si, según la tipificación jurídica que se hace de la infracción en el Estado miembro de emisión, los elementos constitutivos de aquélla son los mismos por los cuales la persona ha sido entregada y si existe una correspondencia suficiente entre los datos que figuran en la orden de detención y los mencionados en el acto de procedimiento posterior. Son admisibles cambios en las circunstancias de tiempo y lugar, siempre que se deriven de elementos obtenidos durante el procedimiento seguido en el Estado miembro de emisión en relación con los comportamientos referidos en la orden de detención, no alteren la naturaleza de la infracción y no impliquen ningún motivo de no ejecución, en virtud de los artículos 3 y 4 de dicha Decisión marco.

2 En circunstancias como las del asunto principal, un cambio en la descripción de la infracción, relativo a la clase de estupefacientes de que se trate, no puede, por sí solo, caracterizar un «infracción distinta» de la que hubiere motivado la entrega, en el sentido del artículo 27, apartado 2, de la Decisión marco 2002/584.

3 La excepción establecida en el artículo 27, apartado 3, letra c), de la Decisión marco 2002/584 debe interpretarse en el sentido de que, ante una «infracción distinta» de la que hubiera motivado la entrega, debe solicitarse y obtenerse el consentimiento, de conformidad con el artículo 27, apartado 4, de dicha Decisión marco, si se trata de ejecutar una pena o una medida privativas de libertad. La persona entregada puede ser acusada y condenada por tal infracción antes de obtener dicho consentimiento, siempre que no se aplique ninguna medida restrictiva de libertad durante la fase de instrucción o de enjuiciamiento relativa a dicha infracción. No obstante, la excepción prevista en dicho artículo 27, apartado 3, letra c), no se opone a que la persona entregada sea objeto de una medida restrictiva de libertad antes de obtener el consentimiento, siempre que tal medida esté legalmente justificada por otras imputaciones que consten en la orden de detención europea.

La sentencia dictada en el asunto C-296/08, *Santisteban Goicoechea*, de 12 de diciembre de 2008 se centra en los artículos 31 y 32.

> 31. 1. Sin perjuicio de su aplicación en las relaciones entre Estados miembros y terceros Estados, las disposiciones contenidas en la presente Decisión marco sustituirán a partir del 1 de enero de 2004 a las disposiciones correspondientes de los convenios siguientes aplicables en materia de extradición en las relaciones entre Estados miembros:

> 32. 1. Seguirán aplicándose a las solicitudes de extradición que se reciban antes del 1 de enero de 2004, los instrumentos vigentes en materia de extradición. A las solicitudes recibidas después del 1 de enero de 2004 se aplicará la normativa adoptada por los Estados miembros en virtud de la presente Decisión marco. No obstante, los Estados miembros podrán hacer, en el momento de la adopción de la presente Decisión marco, una declaración en la que se indique que como Estado miembro de ejecución seguirá tramitando las solicitudes relativas a los actos cometidos antes de una fecha que especificarán, con arreglo al sistema de extradición aplicable antes del 1 de enero de 2004. La fecha de que se trate no podrá ser posterior 7 de agosto de 2002. Dicha declaración será publicada en el Diario Oficial. Podrá ser retirada en cualquier momento.

Las conclusiones del tribunal son las siguientes:

1 El artículo 31 de la Decisión marco 2002/584 debe interpretarse en el sentido de que sólo se refiere al supuesto en que el régimen de orden de detención europea es aplicable, lo que no ocurre cuando una solicitud de extradición se refiere a actos cometidos antes de una fecha indicada por un Estado miembro en una declaración efectuada al amparo del artículo 32 de dicha Decisión marco.

2 El artículo 32 de la Decisión marco 2002/584 debe interpretarse en el sentido de que no se opone a que un Estado miembro de ejecución aplique el Convenio relativo a la extradición entre los Estados miembros de la Unión Europea, establecido por acto del Consejo de 27 de septiembre de 1996 y firmado en la misma fecha por todos los Estados miembros, aun cuando el inicio de la aplicación de este Convenio en dicho Estado miembro sea posterior al 1 de enero de 2004.

Mencionar la sentencia *I.B.*, de 21 de octubre de 2010, que concluye: Los artículos 4, punto 6, y 5, punto 3, de la Decisión marco 2002/584/JAI del Consejo, de 13 de junio de 2002, relativa a la orden de detención europea y a los procedimientos de entrega entre Estados miembros, deben interpretarse en el sentido de que, cuando el Estado miembro de ejecución de que se trate haya incorporado el artículo 5, puntos 1 y 3, de dicha Decisión marco a su ordenamiento jurídico interno, la ejecución de una orden de detención europea emitida con el fin de ejecutar una pena dictada en rebeldía en el sentido de dicho artículo 5, punto 1, puede supeditarse a la condición de que la persona afectada, nacional del Estado miembro de ejecución o residente en él, sea devuelta a éste para, en su caso, cumplir en él la pena que le sea impuesta a raíz de un nuevo juicio celebrado en su presencia en el Estado miembro emisor.

Por otro lado, la sentencia *G*, de 30 de mayo de 2013, relativa al principio de especialidad, se refiere al principio de especialidad, señalando que los arts. 27.4 y 28.3.c no se oponen a que los Estados miembros prevean un recurso suspensivo de la ejecución de la resolución de la autoridad judicial que se pronuncia, en un plazo de treinta días a partir de la recepción de la solicitud, para dar su consentimiento, bien sea al enjuiciamiento, condena o detención de una persona con vistas a la ejecución de una pena o de una medida de seguridad privativas de libertad por una infracción, cometida antes de su entrega en ejecución de una orden de detención europea, distinta de la que motivó esa entrega, o bien a la entrega de una persona a un Estado miembro distinto del Estado miembro de ejecución, en virtud de una orden de detención europea emitida por una infracción cometida antes de esa entrega, siempre que la decisión definitiva se adopte en los plazos previstos en el artículo 17 de la misma Decisión marco.

La determinación de qué se entiende por autoridades penales, en el caso de órganos que dictan recursos cuyas resoluciones e resuelven por la jurisdicción penal, es objeto de la sentencia *Marián Baláz* de 14 de noviembre de 2013.

Por otro lado, la sentencia *Mellon* de 26 de febrero establece que el artículo 53 de la Carta de los Derechos Fundamentales de la Unión Europea debe interpretarse en el sentido de que no permite que un Estado miembro subordine la entrega de una persona condenada en rebeldía a la condición de que la condena pueda ser revisada en el Estado miembro emisor, para evitar una vulneración del derecho a un proceso con todas las garantías y de los derechos de la defensa protegidos por su Constitución, de manera que la autoridad judicial de ejecución someta la ejecución de una orden de detención europea emitida para el cumplimiento de una pena a la condición de que la condena impuesta en rebeldía pueda ser revisada en el Estado miembro emisor.

Esta ausencia de supeditación de entrega a expensas del cumplimiento de la normativa en materia de inmigración fue asimismo considerada por la sentencia *Wolzemburg* de 6 de octubre de 2009.

5 Otras materias

En otro orden de ideas, el Tribunal desestimó en sentencia de 27 de febrero de 2007, asunto *Segi*, la indemnización por inclusión en lista de organización criminal.

Por otro lado, la sentencia de 26 de junio de 2007, en relación con la obligación de los abogados de informar las operaciones sospechosas de blanqueo, resolvió que las obligaciones de información y de cooperación con las autoridades responsables de la lucha contra el blanqueo de capitales previstas en el artículo 6, apartado 1, de la Directiva 91/308/CEE del Consejo, de 10 de junio de 1991, relativa a la prevención de la utilización del sistema financiero para el blanqueo de capitales, en su versión modificada por la Directiva 2001/97/CE del Parlamento Europeo y del Consejo, de 4 de diciembre de 2001, y que el artículo 2 bis, número 5, de la misma Directiva impone a los abogados, no vulneran el derecho a un proceso justo, tal como éste está garantizado por el artículo 6 del CEDH y el artículo 6 UE, apartado 2, habida cuenta de lo dispuesto en el artículo 6, apartado 3, párrafo segundo, de dicha Directiva.

Sobre la presunción de inocencia en los procedimientos a instancias de la OLAF puede mencionarse las sentencias *Tillack* de 27 de noviembre de 2007 y la *Trinchet*, de 2008

En lo tocante a inmigración, la sentencia *El Dridi* de 28 de abril de 2011 ha establecido un límite para la expulsión de ciudadanos en situación irregular.

BIBLIOGRAFÍA

- M. P. Andrés Sáenz de Santamaría, "El estatuto internacional del Estado: la inmunidad soberana del Estado extranjero (jurisdicción y ejecución), Cuestiones prácticas de Derecho Internacional Público y cooperación jurídica internacional, Cuadernos de Derecho Judicial, 1994
- S. Alegre, "Human rights and the future of extradition in the European Union: Implications of recent case law in the United Kingdom, France and Spain", ERA, Trier, 2003
- J. Bautista Calvo-Rubio Burgos, "La autorización judicial para la expulsión. Retorno y devolución administrativa", Estudios Jurídicos del Ministerio Fiscal, 2004
- L. Bujosa, prueba de testigos y cooperación judicial internacional en materia penal, La Ley 2002
- E. Bacigalupo Zapater, "Jurisdicción penal nacional y violaciones masivas de derechos humanos cometidas en el extranjero", El derecho penal internacional, Cuadernos de Derecho Judicial, 2001
- I. Blasco Lozano, "Armonización del derecho penal material y procesal: la aproximación de las legislaciones nacionales en el ámbito de la Unión Europea", Derecho Penal supranacional y cooperación jurídica internacional. Cuadernos de derecho judicial XIII, 2003
- L. M. Bujosa Vadell, "Reconocimiento y ejecución de resoluciones judiciales penales: estado de la cuestión", Derecho Penal supranacional y cooperación jurídica internacional. Cuadernos de derecho judicial XIII, 2003
- F. Badie, "Las técnicas de cooperación judicial penal en el marco del Convenio de aplicación del Acuerdo de Schengen", en Jornadas sobre Cooperación Judicial Internacional, Estudios del Ministerio Fiscal, volumen II, págs.815 y ss, 2001.
- F. Badie, "Las actividades de puesta en contacto y enlace entre las autoridades competentes en materia de cooperación judicial", Revista del ministerio Fiscal 9, 2001, 235-246.
- S. Serge Brammetz, "Las Red Judicial Europea. Primer balance y perspectivas de futuro", Revista del ministerio Fiscal 9, 2001, 247-256.
- Gonzalo J. Camarero González, Conflictos de jurisdicción y *ne bis in idem* internacional. ¿desconfianza mutua entre estados?, *Revista Poder Judicial* 86, 2007
- A. Carrizo González, "La cooperación entre Estados en el ámbito penal: técnicas de cooperación judicial internacional", en Hacia un Derecho Penal sin fronteras, Colex, 2000.
- Cordero, "El principio ne bis in idem en la Unión Europea. Comentario a la sentencia del Tribunal de Justicia (Sala 5.ª) de 10 de marzo de 2005 en el Asunto C-469/03: Asunto Miraglia", La Ley 2005
- Francisco Cuenca Moreno, "Materialización: expulsión y retorno", Estudios Jurídicos del Ministerio Fiscal, 2004
- E. Damaso, "Cooperación judicial en materia penal dentro de la Unión Europea. Perfeccionamiento de los mecanismos de acción y coordinación", Revista del ministerio Fiscal 9, 2001, 145-154.
- J. Espina Ramos, El ordenamiento jurídico español y la Corte Penal Internacional, La Ley 2004
- E. Fungairiño Bringas, "La extradición y la cooperación jurídica internacional", Estudios del Ministerio Fiscal IV-1999
- S. F. García Pérez, "Las fuentes de la extradición y los derechos fundamentales", Cuestiones prácticas de Derecho Internacional Público y cooperación jurídica internacional, Cuadernos de Derecho Judicial, 1994
- De Hoyos, "Eficacia transnacional del non bis in idem y denegación de la euroorden", La Ley 2005
- A. Gago Peco, "La Red judicial europea y los nuevos instrumentos de agilización y coordinación", Estudios jurídicos del Ministerio Fiscal IV-2002, pp. 391-398.
- M. T. Gálvez Díez, "Intervención del ministerio Fiscal en materia de cooperación judicial penal", Estudios jurídicos del Ministerio Fiscal IV-2002, pp. 399-432.
- González Montes, "La cooperación judicial internacional en el ámbito procesal penal" en Revista de Derecho Procesal I, 1996.
- Gómez Colomer, El Tribunal Penal Internacional: investigación y acusación, Tirant, 2003

- J. Gomes Ferreira, "Cooperaçâo judiciária internacional em materia penal entre Portugal e Espanha. Cartas rogatórias. Problemas prácticos", Estudios jurídicos del Ministerio Fiscal IV-2002, pp. 363-380.
- C. Jiménez Piernas, "Competencia territorial del estado, en especial problemas de aplicación del derecho del mar", Cuestiones prácticas de Derecho Internacional Público y cooperación jurídica internacional, Cuadernos de Derecho Judicial, 1994
- De Juanes, El Proceso Penal, Tirant
- F. Hopfel, "Nuevas formas de cooperación internacional en materia penal" en El Derecho Penal Internacional págs.227 a 250, Cuadernos de Derecho Judicial VII, 2001.
- J. F. Higuera Guimerá, "El estatuto de la Corte Penal Internacional", Actualidad Penal 2, 2000
- F. Ibañez Revelles, "Comisiones Rogatorias" en Estudios Jurídicos del Cuerpo de Secretarios Judiciales, volumen II, págs.599 a 679, 2000.
- J. L. Ibarra Robles, "Las Audiencias Provinciales como órganos de aplicación del Convenio de Schengen. Aspectos de la cooperación jurídica internacional" en Revista del Poder Judicial nº37, págs.227 a 239, 1995.
- J. L. Ibarra Robles, "Las Audiencias Provinciales como órganos de aplicación del Convenio de Schengen. Aspectos de la cooperación jurídica internacional" en Revista del Poder Judicial nº37, págs.227 a 239, 1995.
- R. Jiménez, "EUROJUST, un paso más en el espacio europeo de libertad, seguridad y justicia", Derecho Penal Supranacional y cooperación jurídica internacional. Cuadernos de Derecho Judicial XIII, 2003
- Jiménez Villarejo, "Transnacionalización de la delincuencia y persecución penal" en Crisis del sistema político, criminalización de la vida pública e independencia, Cuadernos y Estudios de Derecho Judicial, 1997, págs.59 a 106.
- J. L. Lopes da Mota, "Le rôle du Minstère public dans la construction d' un véritable espace de liberté, de securité et de justice", Revista del ministerio Fiscal 9, 2001, 123-130.
- A. M. Lourido Rico, La asistencia judicial penal en la Unión Europea, Tirant lo Blanc, Valencia, 2003.
- J. Miguel Zaragoza, "El espacio jurídico penal del Consejo de Europa", en Política común de Justicia e Interior en Europa, Cuadernos y Estudios de Derecho Judicial, nº23, págs.13 a 40, 1995.
- R. A. Morán Martínez, "El embargo preventivo y aseguramiento de pruebas, la ejecución de sanciones pecuniarias y el comiso: las decisiones marco", Derecho Penal supranacional y cooperación jurídica internacional. Cuadernos de derecho judicial XIII, 2003
- V. Moreno Catena, "El espacio judicial y penal en el marco del Convenio de Schengen. Las medidas de investigación de los delitos", en Política común de Justicia e Interior en Europa, Cuadernos y Estudios de Derecho Judicial, nº23, págs.41 a 64, 1995.
- Moreno Catena, Castillejo Manzanares, La persecución de los delitos en el Convenio de Schengen, Tirant lo Blanch Monografías, 1999.
- M. Murillo y García-Atance, "La cooperación jurídica internacional", en Cuestiones prácticas de Derecho Internacional Público y cooperación jurídica, Cuadernos y Estudios de Derecho Judicial, págs.357 a 449, 1994.
- J. Muñoz Campos, "Los tribunales penales y la extradición", La Ley, 1982
- A. Narváez Rodríguez, "La extradición. Principales problemas que presenta su utilización: especial referencia a las sentencias dictadas en ausencia del condenado", Estudios del Ministerio Fiscal II-2001
- H. Nilsson, "¿El principio o el fin del Fiscal Europeo?", Revista del ministerio Fiscal 9, 2001, 197-222.
- A. Palomo del Arco, "Cooperación judicial penal en Europa", Sistemas penales europeos, Cuadernos del Poder Judicial 4, 2002.
- J. Parra García, "El nuevo régimen de las solicitudes de asistencia judicial en materia penal", Derecho Penal supranacional y cooperación jurídica internacional. Cuadernos de derecho judicial XIII, 2003
- L. R. Puerta Luis, "Derecho Penal supranacional y cooperación jurídica internacional", Derecho Penal supranacional y cooperación jurídica internacional. Cuadernos de derecho judicial XIII, 2003

- M. A. Riba Y Lloret, "El Convenio de Schengen", en Estudios Jurídicos del Cuerpo de Secretarios Judiciales, volumen II, págs.815 a 874, 2000.
- Rodrígez Ramos, Gil de la Fuente, "Límites de la jurisdicción penal universal española", La Ley 2003
- L. Rodríguez Sol, "La investigación de la delincuencia en el espacio judicial europeo", La Ley 2005
- L. Rodríguez Sol, "El nuevo convenio de asistencia judicial en materia penal entre Estados miembros de la Unión Europea", La Ley, 2002.
- L. Rodríguez Sol, "Fuentes de la cooperación judicial internacional", Estudios jurídicos del Ministerio Fiscal IV-2002, pp. 433-436
- L. Rodríguez Sol, "conflictos de jurisdicción, transmisión de procedimientos penales y *non bis in idem* internacional"
- Rodríguez-Echarri, El derecho de acceso a la denominada jurisdicción universal", La Ley 2005
- J. L. Rodríguez-Villasante Prieto, "Crímenes de competencia de la Corte Penal Internacional", Estudios del Ministerio Fiscal IV-1999
- A. Remiro Brotons, "Los crímenes de derecho internacional y su persecución judicial", El derecho penal internacional, Cuadernos de Derecho Judicial, 2001
- A. Salcedo Velasco, "Mecanismos procesales de cooperación judicial" en Política común de Justicia e Interior en Europa, Cuadernos y Estudios de Derecho Judicial, nº23, págs.139 a 256, 1995.
- J. Santos Alonso, "Intervención del Ministerio Fiscal en materia de Extradición. Sistemas de sustitución: el mandamiento europeo de detención y entrega", Estudios Jurídicos del Ministerio Fiscal, 2002
- Sánchez Legido, Jurisdicción universal penal y derecho internacional, Tirant, 2003
- Sánchez Patrón, La relación entre la corte Penal Internacional y las jurisdicciones nacionales: las dimensiones sustantiva y procesal del principio de complementariedad, Tirant, 2004
- Sánchez Patrón, La aplicación del principio de justicia universal por los órganos jurisdiccionales españoles, Tirant, 2006
- John R. Spencer, "An Academic Critique of the EU Acquis in Relation to Trans-Border Evidence-Gathering", ERA, Trier, 2005
- J. Tirado Estrada, "Los órganos de cooperación judicial en el ámbito de la Unión Europea", en Jornadas sobre Cooperación Judicial Internacional, Estudios del Ministerio Fiscal, volumen II, pp. 613 y ss, 2001.
- J. Tirado Estrada, "Mecanismos prácticos de la organización y coordinación de la cooperación judicial en la Unión Europea. Especial referencia a Eurojust", Estudios jurídicos del Ministerio Fiscal IV-2002, pp. 547-628.
- Françoise Travaillot, "L'assistance mutuelle dans l'Union européenne – La pratique française, Trier 2005
- L. Uriarte Valiente, "El Convenio de asistencia judicial en materia penal entre los estados miembros de la unión Europea, hecho en Bruselas el 29 de mayo de 2000", Estudios Jurídicos del ministerio Fiscal, 2005.
- A. Vercher Noguera, "Algunas consideraciones generales en torno a la asistencia jurídica y coordinación de la acción penal en el contexto comunitario", Revista del ministerio Fiscal 9, 2001, 55-70.
- S. Viada Bardají, "Coordinación de procedimientos en casos conexos o cuando tengan jurisdicción distintos tribunales. Transferencia de procedimientos", Revista del ministerio Fiscal 9, 2001, 83-96.
- J. A. E. Vervaele, "El Ministerio Fiscal Europeo y el espacio judicial europeo. Protección eficaz de los intereses comunitarios o el inicio de un derecho procesal europeo", Sistemas penales europeos, Cuadernos del Poder Judicial 4, 2002
- J. Vogel, "¿Supresión de la extradición?. Observaciones críticas en relación con la reforma de la legislación en materia de extradición de la Unión Europea", El derecho penal internacional, Cuadernos de Derecho Judicial, 2001
- J. A. Zaragoza Aguado, "La cooperación judicial internacional en materia penal. Estado actual de la cuestión en la Unión Europea. Especial referencia a la lucha contra la

droga", *Jornadas sobre Cooperación Judicial Internacional, Estudios del Ministerio Fiscal*, volumen II, 2001, pp., 481-504.
- VV.AA. Dealing with European Evidence in Criminal Proceedings: Nacional Practice and European Union Police, Tréveris, 2005
  - ALONSO-CUEVILLAS Y SAYROL, J, La competencia jurisdiccional internacional de los tribunales españoles del orden civil, Tirant lo Blanch, Valencia, 2006
  - ANDRÉS DOMÍNGUEZ Derecho penal internacional, Tirant lo Blanch, Valencia, 2006
  - LABROT, V. "Compétences des Etats et droit de la mer, regard sur les compétences pénales", en CUDENNEC, A., Le droit Penal et la Mer, Presses Universitaires, Rennes, 2006
  - JIMÉNEZ PIERNAS, C., "Competencia territorial del Estado, en especial problemas de aplicación del Derecho del mar, en Cuestiones Prácticas de Derecho Internacional Público y Cooperación Jurídica Internacional", Cuadernos de Derecho Judicial XI, CGPJ, Madrid, 1994, pp. .232 y ss
  - PALOMO DEL ARCO, A., "La aplicación extraterritorial de la Ly Penal Española", ROMÁN PUERTA, L., Fenómenos delictivos complejos. Cuadernos de Derecho Judicial 9, 1999, pp. 139-208
  - RODRÍGUEZ DE SANABRIA MESA, F. F., "Aspectos jurídicos del abordaje", Anuario de derecho marítimo 10, 1993, pp. 317-379
  - SÁNCHEZ LEGIDO, A., jurisdicción universal penal y derecho internacional, Tirant lo Blanch, Valencia, 2003
  - SCOVAZZI; T. JUSTE RUIZ, J. La práctica internacional en materia de responsabilidad por accidentes industriales catastróficos, Tirant lo Blanch, Valencia, 2006
  - SIMON, J. F., "Jurisdicción universal. La perspectiva del derecho internacional público", Revista Electrónica de Estudios Internacionales, 4, 2002 (www.reei.org).

Jurisprudencia de interés

El principio de universalidad de la jurisdicción

TC 237/2005 Guatemala

TS 25 de febrero de 2003 Guatemala

TS 20 de junio de 2006 Falung Gong

Sentencia del tribunal de Bow Street sobre el asunto Pinochet:
http://www.derechos.org/nizkor/chile/juicio/extrae.html

Sentencia de la Audiencia Nacional de 19 de abril de 2005 (asunto Scilingo)

Valor de lo actuado en el extranjero.

- Libre circulación de pruebas

TS 20-10-2005

- Validez de lo actuado en el extranjero e incorporación al juicio

TS 12 de marzo de 1992

TS 9 de diciembre de 1996

TS 30 de julio de 1997

TS 13 de octubre de 1998

TS 10 de enero de 2003

TS 20 de septiembre de 2005

Alcance del principio ne bis in idem

- TJCE

TJCE van Esbroeck, 9 de marzo de 2006

TJCE Miraglia, 10 de marzo de 2005

TJCE Gözütok/Brügge, 11 de febrero de 2003

- TC

TC 2/2003 - nociones generales

TC 292/2005 - derecho a la legalidad extradicional

TC 156/2002 - respeto a la cosa juzgada

TC 82/2006 - legalidad extradicional

TC 49/2006 - persecución política

TC 91/2000 - juicio en ausencia

TC 148/2004 - verificación minuciosa de las alegaciones del demandado

- **TS**

TS 22 de diciembre de 2003 -. Aspectos generales

Extradición

TEDH Scott vs. España, 1996: duración de la privación de libertad

TEDH Cruz Varas, 1991: imposible si pena de muerte o tratos inhumanos

TC 87/2000: extradición de nacionalidad

TS 7 de octubre de 2003: diferencia entre extradición y expulsión

AN 18 de enero de 2001: falta de convenio

AN 29 de enero de 2001: prescripción

AN 10 de febrero de 2004: conceptos fundamentales

Criminalidad organizada

Persecución en caliente

TS 20 de noviembre de 1987

Entregas vigiladas

Sentencia del Tribunal Supremo 2114/2002, de 18 de diciembre

Sentencia del Tribunal Supremo 58/1998, de 27 de enero (Sr. Martín Pallín)

Sentencia del Tribunal Supremo 2302/2001, de 5 de diciembre (Sr. García Ancos)

Sentencia del Tribunal Supremo 58/1998, de 27 de enero (Sr. Martín Pallín)

Sentencia del Tribunal Supremo 417/2002, de 7 de marzo (Sr. Martínez Arrieta)

Sentencia del Tribunal Supremo 382/2000, de 8 de marzo (Sr. Granados Pérez)

Sentencia del Tribunal Supremo 43/2001, de 19 de enero (Sr. Aparicio Calvo-Rubio)

Sentencia del Tribunal Supremo 236/2003, de 17 de febrero (Sr. Giménez García)

Tribunal Supremo 2302/2001, de 5 de diciembre (Sr. García Ancos)

Sentencia del Tribunal Supremo 863/2003, de 11 de junio (Sr. Granados Pérez)

Sentencia del Tribunal Supremo 646/2003, de 5 de mayo (Sr. Giménez García)

Sentencia del Tribunal Supremo 1222/1997, de 11 de octubre (Sr. Bacigalupo Zapater)

Sentencia del Tribunal Supremo 1121/2000, de 23 de junio (Sr. Delgado García)

Sentencia del Tribunal Supremo 488/2003, de 7 de abril (Sr. Delgado García)

Sentencia del Tribunal Supremo 103/2002, de 28 de enero (Sr. Giménez García)

En materia civil

En materia de cooperación judicial internacional:

Sentencia del TJCE de 3 de julio de 1990.- Asunto C-305/88.- Lancray v. Peters.

Sentencia del TJCE de 8 de noviembre de 2005 .- Asunto C- 443/03 Leffler v. Berlin Chemie AG)

Sentencia del TJCE de 9 de febrero de 2006.- Asunto C- 473/ 04) Plumex v. Young Sports NV

Sentencia del TJCE de 13 de julio de 2006.

Sentencia del TJCE de 2 de mayo de 2006.

Sentencia del TEDH de 13 de febrero de 2001, a. Krombach

En materia de ejecución de resoluciones extranjeras y sustracción de menores

TS 2 de enero de 2006, 22 de junio de 2008, 2 de marzo de 1999, 24 de abril de 2004, 12 de marzo de 2002, 2 de julio de 2002, 5 de febrero de 2002, 16 de septiembre de 2003, 15 de julio de 2004

En material de alimentos

Sobre el concepto de alimentos

STJCE de 27 de marzo de 1979, De Cavel, Rec. 1979, p. 1055 (arts. 1,2 y 24 CB).
STJCE de 6 de marzo de 1980, De Cavel, Rec. 1980, p. 731 (arts. 1 y 24 CB).
STJCE de 27 de febrero de 1997, Boogaard, Rec. 1997, p. I-1147 (art. 1 CB).
STJCE de 14 de noviembre de 2002, Luc Baten, Rec. 2002, p. 1-10489 (art. 1,2 CB).
Auto TS de 18 de noviembre de 2003. JUR 2004\16630

Sobre elección de régimen de reconocimiento

Auto TS de 30 de enero de 1996. RJ 1998\3554.
Auto TS de 6 de junio de 2000. RJ 2000\4652.
Auto TS de 11 de abril de 2000. RJ 2000\3237.
Auto TS de 9 de julio de 2002. JUR 2002\194563.
Auto AP de Valencia de 14 de enero de 2003. JUR 2003\92936.

Sobre contrariedad con el orden público

Auto TS de 26 de noviembre de 1979. RJ 1979\3855
Auto TS de 6 de junio de 2000. RJ 2000\4652.
Auto AP de Girona de 22 de noviembre de 2000. JUR 2001\62793.
Auto TS de 11 de abril de 2000. RJ 2000\3237.
Auto TS de 17 de mayo de 2005, JUR 2005\150613

Sobre contrariedad con una sentencia/procedimiento dictada en el foro

STJCE de 4 de febrero de 1988, Hoffmann,, Rec. 1988, p. 645 (arts. 26, 27, 31 y 36 CB).
Auto TS de 6 de junio de 2000. RJ 2000\4652.
Auto TS de 8 de marzo de 2005. RJ 2005\2684

Sobre el control de la ley aplicada

Auto TS de 30 de enero de 1998. RJ 1998\5336.

Sobre el control de la competencia del juez de origen

Auto TS de 21 de julio de 1998. RJ 1998\6240.

Otros:
Sentencia TS núm. 1174/2006 de 17 noviembre, RJ\2006\8267

Referencias de INERNET

www.unodc.org

www.coe.int

http://www.un.org/spanish/law/

http://www.hcch.net

http://hcch.e-vision.nl/index_en.php?act=text.display&tid=21

http://www.coe.int/

http://ec.europa.eu/civiljustice/

http://ec.europa.eu/justice_home/judicialatlascivil/html/index_es.htm

http://www.elorge.admin.ch/elorge/index.html

http://www.justice.gov.ma/fr/OrganisationJudiciaire/carte.aspx

http://eur-lex.europa.eu/es/index.htm

www.prontuario.org

http://curia.europa.eu/

http://eur-lex.europa.eu/es/legis/20101101/chap193020.htm

http://eur-lex.europa.eu/es/prep/latest/chap1930.htm

http://www.ejn-crimjust.europa.eu/

http://www.eurojust.europa.eu/

http://ec.europa.eu/dgs/justice/index_en.htm